思维十八讲

HOW WE THINK

John Dewey

[美]

约翰·杜威

著

孟宪承 俞庆棠

译

新世界出版社

NEW WORLD PRESS

图书在版编目（ＣＩＰ）数据

思维十八讲 /（美）约翰·杜威著；孟宪承, 俞庆
棠译 . -- 北京 : 新世界出版社 , 2023.9
ISBN 978-7-5104-7664-8

Ⅰ . ①思… Ⅱ . ①约… ②孟… ③俞… Ⅲ . ①思维训
练 Ⅳ . ①B80

中国国家版本馆 CIP 数据核字 (2023) 第 133483 号

思维十八讲

作　　者：[美] 约翰·杜威
译　　者：孟宪承　俞庆棠
责任编辑：张晓翠
责任校对：宣　慧　张杰楠
责任印制：王宝根
出　　版：新世界出版社
网　　址：http://www.nwp.com.cn
社　　址：北京西城区百万庄大街 24 号（100037）
发 行 部：(010)6899 5968（电话）　(010)6899 0635（电话）
总 编 室：(010)6899 5424（电话）　(010)6832 6679（传真）
版 权 部：+8610 6899 6306（电话）nwpcd@sina.com（电邮）
印　　刷：天津旭丰源印刷有限公司
经　　销：新华书店
开　　本：880mm×1230mm　1/32　尺寸：145mm×210mm
字　　数：137 千字　　　　　印张：8.5
版　　次：2023 年 9 月第 1 版　2023 年 9 月第 1 次印刷
书　　号：ISBN 978-7-5104-7664-8
定　　价：50.00 元

序

一部书的修改，有的只是对少许文字的订正，有的竟是大部分的重写。现在这书的新版，则是属于后一类的修改了。

第一，原书的材料，在这里虽有删削，可是新增的材料却很多，篇幅已比原书多出四分之一。

第二，这修改是为了使说明更加确切和明白。凡读者所感到困难的部分，都已竭力重写过。这不仅指对文句的细微的改订，也指对若干主要观念的阐明，尤其是第二部分（即本书的理论部分）。在这一部分，思维的论理分析，全都重新写述，比以前是简明得多了。同时，原书以特异的性质提出的基本概念，则不但完全保存，而且更加充实。为求明白计，增加了许多新的例证；各讲的次序也有所变更。

第三，关于教学部分的修改，也很显著。这种修改，反映着自一九一〇年原书出版之时迄现在的教学方法上的变动。原书所批判的当时流行的教学法，在现时优良的学校里几乎已经消失了，被许多新的方法取代了。本书因应着这种变动，"教课"一讲，实际上全是新作的。

许多教师，把他们应用本书的经验充分供给我，使能成这新本，也是我所妄冀的较善之本：对于他们，我欣然表示我的感谢。

杜威　一九三三年五月

旧序

现在学校苦于课程的繁多，每一课目，又各有它繁复的原则和教材；教师苦于工作的加重，团体教学以外，又添上了个别的指导。如果找不到一种统一性的线索，简单化的元素，那么，这一切结果也徒陷于纷乱。本书所代表的信念是：这统一的元素，就在于所谓科学的思维态度的养成。有人以为这种思维态度，和儿童的教学并不相干。而本书所代表的信念又是：儿童期的天真的好奇，丰满的想象，以及实验的探索的爱好，便很近于科学的思维态度。这书如能帮助读者了解这层关系，而深知它在教育方法上的应用，可以增加个人的幸愉，减省社会的浪费，则这书也就尽了它的功用了。

列举我所得益的许多著作家，没有必要。所特别感激的是吾妻，是她引起我著述这书的意思，也是她在一八九六至一九〇三年间芝加哥所设实验学校里的工作，使书中许多观念，因实际试用而获得了具体的验证。对于许多合作的教师和指导员的智慧和同情，尤其是那时大学的同事、现任芝加哥教育局长的杨格夫人（Mrs. ElIa F. Young），我表示我的感谢。

杜威　一九〇九年十二月

| 目 录 |

第三部分　思维的训练

第一部分

思维训练的问题

第一讲　什么是思维

一　思维的各种意义

没有人能够明确地告知别人应该怎样思维，正如没 有人能够告知别人应该怎样呼吸或血液怎样循环一样。 然而人们的思维方法，却大致可以表述出来。有些方法 是比较好的，为什么好，理由是可以说明的。懂得好的 思维方法与为什么好的理由的人，如果他想，便能够改 变自己的思维方法，使它更有效能。本书所说的较好的 思维方法，叫作"反省的思维"（reflective thinking）， 是对于问题反复而严正地、持续地思考的一种过程[1]。 在未入主题之前，我们先略说别的有时也称为"思想"

最好的
思维方法

---

[1] thinking 与 thought，一指过程，一指结果。译文中一译思维，一译思想。 但在原书中二词常互用。——译者注

的心理过程，作为比较。

意识之流

在我们醒着，有时连睡着的时候，心里有些事情往来着。如果是在睡眠中，我们叫它是梦。当然我们也有昼梦——幻想（如同空中的海市蜃楼），一切心慵意懒中的思绪。这种不控制的心理过程，寻常也称为"思想"。孩子们有时试着要"不想"而不能。我们醒时的生活消磨于这种无端的心思、纷繁的意想、愉悦而无凭的希冀，倏忽而模糊的印象的时间，超过我们自己愿意承认的程度。就像俗语所说，肯"给你钱而要知道你在思想着什么"，他一定也得不到什么。萦绕于你的心中的，过后没有多少值得遗留的。

反省的思维是连贯的

从这种意义上来讲，就连愚蠢的人也能有思想了。我曾听到这样的故事：一个没有很多智慧的人，想参选做一个委员，他对身边人说："你们不要以为我的知识不够，而要知道我在这大部分的时间，总是思想着这样那样的事情。"所谓反省的思维，包含一串所想的事情，你可能认为这种思维和散漫的思想没有两样，可是它绝不止于"这样那样的事情"偶然的、不规则的连续，和散漫的思想是截然不同的。反省的思维，不止于观念的"连续"（sequence），而要求它连续的"结果"（consequence）——它是一个持续的、有步骤的过

程。前一步决定后一步的结果，后一步参照前一步的成
因；一步一步，相因而发生，相辅而成立。不是胡乱地
倏往倏来。每一步，术语上称为思想的一个"名词"
（term），每一个名词，遗留着在下一名词里可以利用
的成分，这全部过程成为一个连续。各个单位，这样互
相连贯，持续地向着一个共同的目的前进。

　　寻常所谓"思想"的第二个意义，指非直接感知，
不是见着、听着、触着、嗅着、尝着的事物。我们问一
个讲着故事的人："你看见那事情发生的吗？"他答：
"没有，我只是想着的。"这就是意象的创造，而不
是观察的实录。想象的情节，多少也以一条线索贯穿起
来，这种"思想"是介于虚构的幻想与有意获得结论的
思维之间的。儿童们娓娓讲谈的想象故事，内含的配合
性的程度很有参差，有的是断断续续的，有的是有联络
结构的。如果是有联络结构的，它们便会引起反省的思
维，而这也就是思维能力的表现了。儿童的这种想象，
发展在严正的思维之前，而为它的准备。可是在想象
里，观念只是不直接感知事物的意象，而所谓思维，只
是这些意象的连续罢了。

　　反省的思维不止于以意象为娱乐，而有着一个"目
的"（purpose）。在反省的思维中，意象的连续，必求

不直接知觉
事物的意象

反省的思维是
要获得结论的

达到一个目的，获取一个于意象以外可以证明的结论。当作一个故事说，"巨人国"是有趣的，但是反省的结论，要说出这种巨人存在于何时何处，便非于意象以外有事实的证明不可了。我们口头上所谓"要想得通"，这种思维只是感觉的绽放，目的是强化人们的心情或感受，其联结的纽带则是感情的连贯。

信念　　　　寻常所谓"思想"的第三个意义，实际上便等于"信念"（belief）。说我想明天气候会冷，说我想匈牙利比南斯拉夫要大，等于说我相信如此云云。前人想大地是平的，等于说前人相信是这样。思想的这一意义比前述两个意义更狭窄了。信念指超于事物以外而对这事物的判断，它确定（肯定或否定）一个事实、一种原则或一项定律。信念的重要，不消多说。凡我们并无可靠的知识却有充分的自信而决定的事情，都是信念。凡我们自认已有可靠的知识而将来或许证明只是偏见或谬误的，也都是信念。

说思想等于信念，并不就是说那信念一定有根据。例如，人们同样说，"我相信地球是圆的"。而其中有人当着别人提出问题的时候，并不能拿出他这样相信的证据来，他只是从别人那里拾来这样一个观念；他接受这个观念，也只因这个观念的流行，并不因为自己曾经思索过，也并不因为自己曾经自动地参与过这一信念的树立。

所以这种思想是无意识地发生，是不知道怎样得来的；从隐微的源头，从不知不觉的蹊径，潜入人们的心中，而成了人们思想结构的一部分。传说、教训、模仿这些靠着权威、私利或强烈的情绪都要负些责任。这种思想其实是成见，而不是从直接观察、搜集和检查证据等思维活动中所得来的结论。即使有正确的，它的正确性也只是偶然。

这样，我们又回到反省的思维和寻常所谓思想的比较。前两种意义上的思想，是有害于我们心智的，因为它们分散了我们对于现实的注意，也浪费了我们的时间。可是沉溺得如果不过分，却也能带给我们单纯的娱乐和必要的消遣。不过无论怎样，它们不能称之为真理，不能要求人们必须接受。它们只有情绪的约束，而没有理智的、事实的约束。至于第三个意义的信念，却是理智的、事实的判断，唯其如此，信念迟早会要求我们去考查它的根据。把一片白云想作一匹骆驼或一条鲸鱼，这是想象，这并不约束我们要采取骑那骆驼或取那鲸脂的结论。但是当哥伦布想着地球是圆的时候，这是信念，这就约束着他和他的朋友，去决定别的信念和行

反省的思维
能促起探究

动，去试探印度的航线，去推想从大西洋一直西航的结果；正和前人相信地球是平的，而约束着他们相信环绕地球不可能是一样的。

地球是平的信念，当初不算没有一点证据，它是根据人们视觉限度内观察到的。但这点证据，没有继续考查，没有与别种证据核对，也没有对更新的证据进行搜寻，那就使这种信念由于人们的怠惰和习惯缺乏继续探究的勇气。地球是圆的信念，却根据缜密的探究和扩大的观察、根据各种不同的臆说产生的不同结论的推测。这种思维过程，区别于第一种所谓思想，是它有观念的秩然的连贯；区别于第二种思想，是它有受着控制的目的；区别于第三种思想，是它出于个人主动的探究。

不肯轻易接受传统的信念，肯怀疑，肯探究，哥伦布有了他的新思想。悠久的习惯认为确定的信念，他偏要怀疑；多数的人们认为虚构的，他偏要信。他的思维这样迈进着，直到自己能够提出所疑所信的证据来。即使他的结论是谬误，那也与旧的信念不同了，因为它是由不同的思维方法得到的。反省的思维就是对于信念（或假定的知识），从它所依存的根据上以及它所指向的结论上，进行自主的、持续的、缜密的思考。前三种思想，虽然都可以引起反省的思维，但反省的思维一旦

开始，则必有有意的努力，把信念筑在证据与合理性坚
牢的基础上。

二　思维的中心因素

　　然而各种思想间也没有完全分明的界限。若使它们
不是互相混合杂糅，那么，养成正确思维习惯的问题
倒也就简单了。我们以前为了说明上的方便，所举的实
在是各种极端的例子。现在反过来，让我们引一个介于
缜密思考与游离幻想之间的例子。一个人在热天到外面
去，起初天气是晴明的，在路上他正想着别的事情的时
候，突然注意到气温的降低，他想这莫非要下雨，抬头
一望，乌云堆了上来，他就加快了脚步。在这个情境
里，什么算是思想呢？走路的动作、气温的感觉和对乌
云的仰视，这些活动不算思想。可是将要下雨的可能是
"暗示"（suggested）起来的。他觉得凉，而想着云；
看见云，想到看不见的雨。这暗示起来的事物就是观
念，是思想了。如果他相信这暗示的可能，那就归于知
识的范围而要求反省的思考了。

　　在若干限度内，这个情境和一个人看着云而想象起
一个人的脸也无异。在这两种情境（一是信念，一是

観察不到的事
物怎样暗示起
来

幻想）中，思维都是由知觉的事物（云），暗示着另一知觉不到的事物（雨或人脸）。可是其间也有绝不相同的一点：人们并不相信云是人脸，没有反省的思维；反之，把暴雨的袭来却当作一个实际可能的危险。换句话说，人脸只是云的暗示，而暴雨却是它的意义。一种情境是我们见到一个事物，而偶然想起其他事物；而另外一种情境是我们把见到的事物和暗示的事物的关系、有什么可能、具有什么性质都思考过了。后者所见的事物成为暗示的事物的信念的基础，成为它的一种证据。

指示的作用　　　　　一事物"指示"（signifies）他事物，即，使人以一事物为相信他事物的根据的这种作用，就是"指示的作用"，也是反省的思维的中心因素。学者只要想到"指示"这类名词所应用的情境，便知道思维的因素了。（如"代表""预兆""意含"等意义都是相似的。我们说一事物预兆他事物，是他事物的象征、线索或暗示。）反省的思维固然不等于"一事物指示他事物"这一点。但当我们探究这指示的可靠性，试证它的价值，而求得它的证据时，反省的思维便在进行了。

反省的思维包　　　　反省的思维这样包含事物，不是因为它的本身，
含有证据的信　　而是因为它所暗示的部分，认为是一种信念的根据。
念　　　　　　　"雨"有时是直接知觉的，而有时我们从树叶和草上的

水滴，可以推想到曾经下过雨；从空气或气压表的变化，可以推想到将要下雨。"人"有时是直接看见的，而有时我们看不清，把其他事物作为符号或指示来推知其为什么人。

反省的思维的定义是：它是从现有事实暗示其他事实，而以其间的实在关系作为信念的根据的一种过程。一片白云可以暗示一个鼬鼠或一条鲸鱼，但并不真是鼬鼠或鲸鱼，因为所见的和所暗示的并没有关系。一撮残灰不只暗示火，而且证明曾经有火，因为只有燃烧才能有灰烬，所见的可以作为所暗示的根据。

三　反省思维的各形态

进一层说，反省的思维和其他一般所谓思想不同，它包含：（1）引起思维的疑难，（2）解决疑难的探究。

在前面举出的例子中，气温的突然降低是一个疑难，因为出于意外，它需要一个解释。叫它是一个"问题"或许有些勉强，可是我们如果把"问题"这一名词的意义放宽了，使它包括一切寻常琐碎的疑难，这就是一个真实的问题了。

抬起头来，睁着眼，看着天，这些是寻求事实以解

疑难与探究的
重要性

决疑难的动作。初得的事实是纷乱的，但至少暗示了云；抬头注视的动作就是要确定所暗示的对不对，叫这个动作是"探究"或"研究"似乎也有些勉强，可是我们如果把思维的意义推广些，使它包括一切寻常细微以致专门学术的思索，这就是一个探究了。因为这个动作的目的在于觅取事实而得到一个有证据的结论。既然是有目的的动作，既然是为得到信念寻求根据的动作，当然要算是简单的探究了。

再举一个寻常而不这么细微的事例。一个在异地旅行的人，走到一个岔路口，踌躇着不知道哪一条对。这疑难怎样解决呢？只有两种方法：一是盲目地、武断地前进，听凭命运安排；一是先思索一下，找到可以认为对的一条路的根据。如出于后者而以思维来决定，则必须从记忆或观察再探究其他更多的事实。这位旅行的人必须回忆，必须仔细观察，才能找得到对的一条路的证据。他可以攀至树巅去瞭望，他可以这条那条都试走一走，探索一些线索。这时他所要的是可以替代"路标"或"地图"那样的东西。他的反省的思维，目的在于这样事实的发现。

概括说来，思维起于岔路的疑难，起于两歧的取舍。如果行动是平顺而毫无困难，如果思维只是聊以自

娱的幻想，那便没有反省的必要。只有遇到困难和阻
碍，在将信将疑之时，我们才会停顿下来细细思索。只
有停顿在疑难之中，我们才会遐想高瞻，找出观察新事
实的立场，从这立场决定各事实的关系。

　　解决疑难的要求是持续与引导思维全程的因素。如
果没有要解答的问题，要克服的困境，就会胡思乱想，
就只有第一种的所谓思想。如果观念的连续只受情绪的
引导，只是它和幻想或故事的配不配合，那就只有第二
种的所谓思想。但到了要解答问题，决定疑惑，则观念
的流动必须向着一定的目的，循着一定的途径。每一个
暗示或假设的结论要以目的来判断，要问它和问题有没
有关系。解决疑难的需要也支配着探究的性质。在异地
旅行的人本来的目的在于赏玩最美的风景，在于觅取最
速的归程，那么他探究的立场也会随之而异。问题的性
质决定思维的目的，而目的支配着思维的过程。

思维受目的的
支配

四　总结

　　复述起来我们可以说，思维起于疑难。它不像"自
然燃烧"，也不凭"抽象原理"而可以凭空发生，它必
定要有引起它的情境。让儿童（或成人）去思维，他的

经验中如果没有感觉的疑难，那是完全无效的。

有了疑难，第二步便是解答方法的暗示——一种暂定计划的成立、一种解释理论的产生。现有事实不能供给问题的答案，只能暗示这答案。暗示的来源是什么呢？那就是过去的经验和所有相关的知识了。如果一个人遭遇过类似的情境，处理过类似的事实，那么暗示便容易发生。否则疑难将终于疑难，即使有问题，思维还是不会进行的。

然而有了疑难，又有了类似的经验，思维也未必就是反省。所引起的观念不经过批判的检查，所确定的结论就没有充分的根据，倘若怠惰或轻率，不肯耐心寻思，而只以第一答案为解决者，仍旧是没有反省的思维。只有甘愿忍受犹豫和不安、不因探究烦苦的人，才会有反省的思维；而许多人就不喜欢这犹豫和苦闷，他们要直截痛快，因而养成了独断的习惯，并把迟疑严密当作思想低劣的表征。在这一点上，反省的思维和不良的思维习惯迥然不同，真正的思维须愿意延长犹豫和迟疑以促起彻底的探究，如果没有充分的理由，就不轻易接受任何结论或信念。

第二讲　反省思维的必要性

一　思维的价值

　　大家承认，至少口头上承认，思维的能力是十分重 使行动有目的

要的。我们拿它的有无来区别人和兽类。可是思维是
怎样重要，为什么而重要呢？我们平常也只有含糊的观
念，因此值得把思维的价值先做一说明。第一，思维使
我们解脱冲动的、惯例的行为；正面地说，它使我们行
为有先见和目的，它使我们做有意的行动以达到预期的
结果，或把握住遥远的将来。想到不同的行动产生不同
的结果，我们便知道自己在做什么，这样一来，思维把
盲目的、情感的行动转化为智慧的行动。兽类的动作，
按照我们所知道的，完全受外界刺激和生理状态的驱
使。人类能思维，他的动作可以决定于远见，决定于多
少年后才能获得结果。一个青年为了多年后的生活而接

受一种专业教育，便是例子。

兽类遇到下雨，身体受到刺激，便往洞里跑。人类能思维，看到可以预示将要下雨的事实，就会依着预期采取适当的行动。凡播种、施肥、收获都是有意的动作，都可以用现在经验中认取其所预兆的价值行动，没有思维的人就不会这么做。哲人们常用"大自然之书""大自然之语"等比喻"正唯有思想，才能使事物之已形者"为未见者的象征，只有自然界无声之语才可以了解。对于一个会思维的人，事物是它们过去的记录，例如从化石可以发现地球的历史，也会是它们将来的预言，例如从天体的地位可以预测很远的日食。莎翁（Shakespeare）诗里所谓"树中有舌，溪中有书"，正写出一个能思维的人所能加于事物的意义。如果周围的事物于我们没有意义，如果它们不能指示我们以某种动作得到结果，那么对于事物的有意的控制便不可能。

使预防和发明有可能　第二，人类也运用思维来安置人为的符号以预示结果，然后有所趋避。上述思维的特点区分人与禽兽；这个特点则区分了文明人与野蛮人。野蛮人在航行中遭到覆舟的灾祸，会注意到若干事物作为危险的符号；文明人却思患预防，安设浮标，建筑灯塔，作为有危险的符号。野蛮人能老练地观测晴雨，文明人却设置一个气象

台，在没有任何征兆之前，用人为的方法探取气候变化
的符号，而且把探取得到的信息广播出来。野蛮人能精
巧地侦查荒野的路途，文明人却开辟一条大道，给大众
指出一段途程。野蛮人会察觉出火的符号并且发明取火
的方法，文明人却发明燃烧的汽和油，制造电灯和蒸汽
机。文明的特质，就在于人能够有意地制成标志，以免
遗忘；有意地创作器械，以觇预兆，使得危害可以避免
或减少，利益可以稳定或增加。一切人为的器械，无非
是有意地对于自然物进行改变，使得它们尽量供出其未
来的、隐微的、遥远的意义。

最后，同样的事物对于能思维与不能思维的人有不
同的地位和价值。这书上的文字，在不识者看来，只是
离奇的黑白不同的图迹，在识者看来，这些符号代表着
观念和事物。我们一直以事物为有意义，而不仅仅是感
官的刺激。我们这样习以为常，以致不容易认识到这意
义的由来，是为了在过去这种已见的事物能指示所未见
的事物，还是这种指示又为后来经验所证明的。假如我
们在暗中碰到一件东西，我们的反应是立即避开，以免
撞伤跌倒，而不问那东西是什么，那么这东西便只是
机械的刺激了。许多事物便是这类的刺激，当然也便没
有意义，也不能成为确定的"对象"（objects）。对象

使事物的意义
更丰富

不只是一件"东西"（thing），而是有了确定的意义的东西。

这个区别很容易了解，读者只要想起自己所认为奇异的事物，和有着专门知识的人看这些事物一比，或者拿自己未有和已有理智的认识的事物一比，便明白了。一缸水，从平常人看来，只指示是可以洗濯或止渴的；从另一人看，则是两种化学的原子化合物，或是含有病菌而危险的饮料。小孩子最初接触的东西，只是些颜色、光和声音的配合，要等到这些东西成为可能而未见的经验的符号时，于他才有意义。在有学问的科学家眼里，寻常事物所含的意义便扩大了范围，一块石头不只是一块石头，它是一种矿质，来自一种地层，它代表着百万年以前的地球历史的标志。

两种价值：控制事物和丰富意义

以上所说思维的三种价值，前两种是实际的，它们增加了我们控制事物的能力；第三种则给予事物更丰富的意义，不管控制得如何，我们知道日食和它究竟怎样发生，日食是增加了意义，但我们并不能影响天体的现象。对于这种事情，我们不一定有思维的必要，但是如果我们以前是思考过的，则那是思考所得，便积蓄在那里使这些事情的意义更丰富了。思维的巨大的报酬，在于已得的意义在生活中事物上的无限应用，因此生活

中意义的继续发展也无限。靠着前人思考的结果，今
日儿童们所能看到的事物的意义，有昔日伟大的天文家
如托勒密（Ptolemy）和哥白尼（Copernicus）所没有看
到的。

　　穆勒（Mill）这样说思维的价值："推论是人生的
一件大事。每个人每日、每时、每刻都有确定自己所没
有直接观察的事实的必要；这并不是为求知，而是为这
种事实，与自己的利益、业务是有重大的关系的。行政
官、军事指挥者、航海者、医生、农业家所必须做的一
件事，就是判断证据，决定行动。他对于职务的忠不
忠，看他这件事做得好不好。只有这件事是永远不能不
用心的。"[1]

　　上述三种价值的积累，使得人类理性的生活与其他
动物被牵制于感觉和嗜欲的生活不同。这种价值，除在
一极狭的限度内，是为生活需要必然的发生，并不是自
然而然的发生，并且要有严谨的教育引导，还不止此，
思维是可以误入歧途而成为虚假有害的信念的。我们所
虑的不只是思维没有发展，而是思维的错误发展。这样
看来，思维的系统训练就非常必要了。

训练思维的
两个理由

------

[1] 见穆勒 *System of Logic*，引言，第五节。

比穆勒更早的著作者洛克（Locke），谈到思维与人生的关系时，认为为使思维尽可能发挥它最大的功能，免除最坏的弊害，他说："凡人行事，必存着一种意思作为行事的理由。不论他运用什么'心能'（faculties），他的'悟性'（understanding）正确或不正确，总是在前引导着决定他的行动的。表面上寺院里的神像影响着无数的人，其实是人们心中的意象真正主宰着他们，这些心中的意象是控制着他们的无形势力。所以，最要紧的是对于'悟性'要注意指导，使其能求得正确的知识和判断。"[1]

思维的力量，一方面使我们超脱于本能和惯例，一方面也带来了错误的机会和可能。它把人类抬高到其他动物之上，同时使人类有其他完全受制于本能的动物所没有的危险。

二　常须制约的倾向

思维的正确受自然社会的制约

在某种限度内，生活的需要不断地执行着思维的纪律。这种纪律是任何人为巧妙的方法所不能替代的。烧

---

[1] 见洛克 *Of the Conduct of the Understanding*，第一节。

痛了手的小孩怕火，这样得到的正确推论，比之于关于火的性质的博学演讲有效得多。如果行动是与社会有关的，那么社会的情境也制约着思维的正确。这类制约影响到生活本身。敌人的踪迹、住处和饮食以及其他社会情境的征兆，都是能正确了解的。

但这种纪律在某些限度内很有效，却不能进行得很远。在某一方向所得的合理的推论，并不能排除在另一方向的怪诞的谬误。野蛮人在狩猎中能精确地推断野兽的踪迹和住处，而对于野兽习惯的来源，以及其结构的特性，却一直接受着荒谬的臆说。只要推论不直接影响到生活的安全，就没有自然的限制，使他不接受错误的信念。只因为臆说是生动而有趣的，他就接受了；习俗相沿，即使已有积累的可靠数据，也不易使他获得正确的推论。而且人类有一种"原始的轻信"的倾向，在有相反的确凿的证据之前，他什么都相信。在人类思想史上，人几乎是穷尽了一个信念的一切错误的形式以后，才发现正确的思想的。科学思想史也指明，一条错误理论得到一般承认以后，人们宁愿费尽心思再搜集错误事实来支持它，也不愿放弃它。托勒密关于太阳系的理论，在被放弃以前，人们是费尽了心思去维护它的。就是在今日，群众接受自然科学所给予的许多信念，也只为它们是习俗中流行的，并不是因为真的了解这些信念的根据。

迷信和科学是一样的自然

如果只是当作"指示"的功用来说，一段水银来预告晴雨和用兽的脏腑、鸟的飞翔来占卜战争的胜负一样，蚊嘈可以预兆疟疾也和泼盐可以预兆吉凶是一样的。要决定什么是正确的推论，什么是愚顽的迷信，只有靠观察到的情境的系统控制，与获得结论习惯的严格纪律。科学之所以能替代迷信，并不是因为我们感觉的敏锐，或指示功用的自然奏效，而是将观察以及取得结论的"条件"（conditions）加以控制的结果。如果没有这种控制，梦幻、星宿、掌纹、纸牌都可以做吉凶的符号，而最有意义的自然现象反被熟视无睹了。吉凶的先兆现在是壁角里的迷信，以前却是普遍的真理，经过长久的科学纪律才被克服。

错误思维的一般原因——培根的偶像

错误信念的来源，以前有人分析过且值得我们审视。例如培根（Bacon）曾列举过四种错误观念的诱因，他用诡谲的名词称它们为"偶像"（idols）或魅影，包括：（1）部落的偶像；（2）市里的偶像；（3）岩穴的偶像；（4）剧场的偶像。说得朴素些，就是：（1）人类一般本性的错误；（2）社交和语言的错误；（3）个人习性的错误；（4）时代流行的错误。我们把这四种错误信念的原因分为两类，可以说，其中两种是内含的，而另外两种是外铄的。内含的原因，一是人类共同的倾向（例如对于偏好的信念，只注意到与它相符的事例，而不肯观察它否定的事例，便是一个共同的倾向）；一是个人性情习惯的偏执不明。外铄的原因，一是由于一般社会的情境（例如把名词当作事实，没有名词便当作没有事实的倾向）；一是由于一时一地社会的风尚。

洛克错误信念的形式不像培根那样整齐，但更是显豁。引用他自己峭劲的话，他列举几种人展示思想错误的几个样子：

第一种人是难得思维的。为了省却自己思考的烦难，他们的行动和思想都遵循着父母、邻居、教师或任何所信仰的人。

第二种人以情欲代替理性。既然决定以情欲主宰自己的行动和思辨，那么除了适合自己的利益或党派者以外，就不运用自己的理性，也不听从他人的理性。（洛克在别的地方说："人的偏见和倾向，经常主宰着他。……倾向在语言中变成好听的名词，名词引申出偏爱的观念，最后，那倾向便当作明白确切的结论而化装成功了。倘若照它固有的状态，正确的观念怎样也不能

洛克论错误信念的形式

被承认。"）

第三种人愿意而诚心地听从理性，可是没有融通地识别事物的能力，没有对于一个问题充分的观察……他们所识的只是一种人，所读的只是一种书，所闻的只是一种意见……是一个往还支流小港而不敢向知识的大洋去探险的"通讯员"。本来禀赋和别人也差不多，而知识的造诣却居于人后，就为了运用"悟性"的范围，用心搜集知识，获得观念的范围，比别人显得狭隘。[1]

在别的书里，洛克同样的意思[2]也有略为不同的说法。他说：

（一）凡和我们的既定的原则不符的，我们不但不认为或然，并且认为必不然。对于这种原则，有这样大的尊敬，而且给予这样高的权威，以致不但别人相反的证明，就连自己感觉所得的相反证明，也遭到我们的摈弃。……儿童们从父母、保姆和亲近的人那里接受了许多意思，本来是天真的、没有戒备、没有偏倚的理性，渐渐地被这些意思浸润，经过长时间的习惯和教育，又不问其真伪，把这些意思紧缚得十分牢固，不可再拔。

[1] 见洛克 *Of the Conduct of the Understanding*，第三节。

[2] 见洛克 *An Essay concerning Human Understanding*，第四卷，第二十章。

等到他们长大了，想到这些意见和自己的记忆有同样悠久的来源，遂不察其怎样浸润而来，怎样束缚而牢不可破，把它们视为神圣的东西，绝不容许怀疑或亵渎。他们以这些意思为标准判断真伪，辨别一切是非。

（二）还有一种人的理性铸成了一个固定的模型，而照着所接受的意见判断模型的大小。这种人虽不否认事实和证据的存在，对于事实和证据也就不能像本无成见者一样信从。

（三）占优势的情欲，也使理性陷于同样的命运。一个贪婪的人把理性所得的盖然性和金钱秤一秤，金钱一定是重得多的。泥土般的心，像泥土筑的壁垒一样，能抵抗最强烈的炮击。

（四）理性错误的度量是权威。这使人放弃自己的意见，而屈服于朋友、党派、邻里或国家流行的意见。它使人沉溺于无知和谬误，比前三种总合起来的力量还要大。

态度的重要

以上我们引用了有力的思想家的话。但其中所指的事实也常见于我们日常经验中，我们只要会观察，便会见到我们自己或别人都有倾向于自己欲望的观念。我们喜欢它是真的，便认为真；不为我们所喜欢是真的，怎样也不易为我们所相信。我们大家会轻率地得到结论；

为了维持自己的态度，再也不肯检查试证自己的观念。我们大家会武断地概括事实，那就是说，从一两个事例便概括了全体。个人的欲望以外，社会的势力，无关于思想之真伪的，也有重大的影响，使得思想倾向于这些不相干势力的限制。有几种并不坏，也使思维的训练更加有必要。例如对父母和有权威的人的尊重，抽象地说，是好的特质。但如洛克所说的，这种特质使我们的信念隔离或是违背理智的主要力量。倾向和别人意见的融和也是好的特质，但也容易陷于别人的偏见，而缺少自己独立的判断。

态度很重要，所以思维的训练并不单靠论理形式的知识。这种知识并不能保证好的思维的能力，而且固定的思想练习也并不一定能养成好的思想家。知识和练习都是有价值的。除非他个人自己的品性中有坚强的态度在激动着，否则并不会求得这样的价值。以前，人相信心智分为各不相同的"心能"（faculties），如记忆、注意等，可以用反复的练习来发展，正如肌肉可以用体操来锻炼一样。但现在，这信念在广义上已不为人所承认了。同样，人们也不再用论理的公式来造成一般的思想习惯。举一个显而易见的例子，专家讨论到专业以外的问题，便不用自己专业以内所必须用的证明事实的思考方法。

我们所能做到的，是培养适于运用最好思考方法的
态度。单是方法的知识是不够的，须有运用方法的欲望
才可以。欲望是属于个人倾向的。但在另一方面，单有
倾向也是不够的，仍必须有表现这种态度的最适当的形
式和方法。关于思想的形式和方法是以后要讨论的，这
里先略举必须培养的几种态度。

（一）虚心（open-mindedness）

这种态度便是没有偏见和任何闭塞心思而不愿考虑
新问题、新观念的习惯。但这不等于"无心"（empty-
mindedness），而是有积极意义的。虽然对于新问题、
新观念是宽容的，却不是像挂上一块牌子说"这里无
人，请进来"那样的宽容。它包含一种主动的欲望，去
听取不止一面的理由，去注意任何来源的事实，去充分
考虑两歧的可能，去承认自己所最珍爱的信念或许是错
误的。心智的怠惰最会闭塞新观念，使人走向最小抵抗
力的旧途。旧信念的改变需经过很大的抵抗。自满和傲
慢以承认旧信念的错误为怯弱的表征；把旧信念看成一
种"宝贝"，依然蔽聪塞明来给它拥护。无意识的恐惧
也会驱使人们去采取辩护的态度，像穿着护身的盔甲一
样，不但拒绝新观念，并且拒绝新观察。这些势力结合

起来就会充塞心思，拒绝接触学习所需的理智。要战胜这些势力，最好是培养灵敏的好奇和求新，这也是所谓虚心的要素。至于消极地容许一些新事物渗透进来，那样的虚心，还是挡不住这些势力的。

（二）全心（whole-heartedness）

凡对于一种事物感到充足的兴趣时，人会全心全意去应对，这个态度的重要，在实际的道德事情上，是一般人所承认的；其实在理智的发展上也同样重要。兴趣的分歧是有效思维最大的仇敌，不幸的是这种分歧在学校里很常见。学生表面上对教师、对功课是注意的，而他最深的内心却另有兴趣。他用耳目表示对外面的注意，用脑去寻思自己感兴趣的事物。他的学习是强制的，他要答复教师的问语，预备学校的考试，或获得教师和父母的欢心。可是所学习的材料本身上并不能吸引他的心思。他的学习不是聚精会神、一心一意的。这种情形有时没有多大关系，但有时就十分严重，一旦养成一种态度，会成为良好思维的最大障碍。

一个人只要能够全心倾注于一门功课，这门功课便自会引着他前进。问题自然发生了，许多暗示或假设也就自然涌现了，进一步的探究阅览也就循序进行了，他用不着费他的气力在勉强的注意上，教材就够摄住他的心思，鼓舞他的思维了。这种热忱的态度是一种理智的力量。教师如能激发这种求知的热忱，他的成功便非任何形式的方法所能企及的了。

（三）责任心（responsibility）

这一"特质"（trait）与前一种一样，平常以为是属于道德，而不属于理智方面的。但要使寻求新观念的虚心与倾注于作业的热忱能够充分有效，这一态度是必需的。虚心和热忱可以散漫而毫无约束，它们还不能担保思维所需的集中和专一。所谓理智的责任心，是考虑到预定步骤的所有结果；而想到这种结果既是合理的必然发生的，也愿意予以承受。理智的责任心使我们的全部信念前后贯彻互相融和。平常人会接受新的信念，却不承认其所必有的结果。他们依附于某种信念，而不愿意担负其所必须承担的责任，于是他们陷于一种思想的混乱。信念的分裂使理解变得模糊，把握力渐渐薄弱；采用两种不调和的标准必然使把握力减弱。当学生们修习与自己经验隔离得很远，不能激发主动的好奇，不适合了解的程度的功课时，他们只有在实际生活的度量以外，另外选用一种度量，来量这些功课的价值。他们变得不负责任，他们不问学习的意义，不管学习和生活其他部分的信念行动的关系如何。

课目过于繁多，教材过于割裂，使得学生没有工夫去衡量它们的意义时，也会造成思想的混乱。学生已学会的功课和已相信的道理，与生活行动中的信念完全不同。他的思想糊涂，不但对于任何特定的材料糊涂，连这些材料为什么值得相信的理由也糊涂了。要纠正这样的情形，需要减少些课目，减少些教材，而增加思维探究的责任。"透彻"（thoroughness）的意义，在于进行一件事并使它完满成功。要能够彻底达到完满成功，就靠有责任心的态度。

态度与思维的意愿

以上三种态度，都是个人品性上的特质。要养成反省的思维习惯，它们并不代表其所需的一切态度。但别的态度说起来也是品性上的特质，也要从品性中培养。任何人都会对于偶尔注意的事物思考。一部分人对于自己专业上所感兴趣的事物会持续地思考。至于彻底的一种思维习惯，则范围还要广些。当然，没有人能想随便什么事；也没有人可以没有经验知识而随便想什么事。然而人们却有所谓思维的"意愿"（readiness），凡是自己经验所及的问题，都愿意加以合理的思考；不以习惯、传说、偏见等为判断的依据，不避反省的思维的艰难。上述的三种态度就是这种意愿的主要成分。

如果我们在思想的态度与思想的论理形式方法二者

之中只取其一的话，我们毫无疑问地选择前者。然而幸运的是，我们不必要做这样的取舍，个人的态度与论理的方法，并没有什么矛盾。在教育的目的上，我们须记住：抽象的论理原则和品性的特质并没有什么分离，所需要的是将二者组织成一个整体。

第三讲　固有的知能与思维训练

　　我们前面讨论了训练思维的习惯所能得到的价值及其发展上的障碍。可是没有潜能，即没有发展；没有种子，即没有生长。思维必须依靠固有的知能，不会自发地思维的动物，我们无从强授以思维的能力。不过我们虽不能凭空学会思维，我们却能学会思维的好方法，特别是怎样获得一般思维习惯的方法。这种习惯既然是从固有的倾向发展出来，便必须知道这些固有倾向的性质。否则不知因势利导，便是在徒然浪费气力和时间。更坏的是不知引导固有倾向的生长成熟，反而强制地造成不自然的习惯。

　　教学若用买卖来比喻，没有人买，便没有人能卖。世间没有绝无顾客而自夸为善贾的商人。然而竟有绝不问学生学习了什么而自诩为善教的教师。教学之值相等，正和买卖之值相等一样。要增加学生的学习，只有增加教授的质和量。学习，要学生自己做，为自己而做，动力在于学生。教师是一个引导者，他掌着舵，学生们用力把船向前划去，教师越了解学生的过去经验和现在兴趣与希望，他越能了解所需引导的倾向。这些倾向的数目和品质，每个人都是不同的，不能一一列举。但是每个常态的人必有几种倾向，可以被善用、利导而发展成良好的思维习惯。

一　好奇

任何动物在醒着的时候和它的环境有不断的"交互作用"（interaction），这是一种取和予的作用，它对事物有所施为，也从事物有所接受（即印象、刺激）。这种交互作用构成经验的间架。我们生来就有一种倾向，使我们避免遭受外来的有害势力。但同时也有若干倾向是向前向外伸张的，是常在寻求新的接触的、常在发现新事物而尝试改变旧事物的，是常在为经验而要求经验的丰满、常在积极地扩大经验限度的。这些倾向总称为好奇。诗人华兹华斯（Wordsworth）说："耳要听，目要视，身体要感觉，不管我们愿意不愿意。"

他的话尤其适用于儿童期。

我们在醒着的时候，一切感觉和动作的器官对于环境中的事物有所施为，有所接受。对于许多成人来讲，这样的接触是已经固定了，变成呆板了，他们的经验有了窠臼且愿意生活于这窠臼之中了。但是儿童的整个世界是簇新的，每一次新的接触，都想激动地去探求，不是消极地等待和接受。每一个常态的感觉和动作器官都是敏锐的，并没有一个所谓"好奇"的心能。每一个器官都有动作的机会，都要有事物可与它发生交互作用。这些倾向的总和便是好奇。它是经验扩大的基因，是反省的思维发展的种子。

好奇的三级

（一）好奇的最初的表现，离思维是很远的。它只是一种生命的盈溢，一种"生物力"的流露而已。小孩感到一种生理的不安，就要伸手取物，要摸它，抓住它，观察它。研究动物行为的人，也说动物都有一种"强烈的玩弄的倾向"。霍布豪斯（Hobhouse）说："鼠的奔窜、嗅、啮、挖，狗的搔和跳，猫的跑和抓，獭的乱窜，象的盲摸，猿的乱扯，都不是有所为的。"[1]我们观察婴儿活动的时候，就发现他有不断探

[1]引霍布豪斯，L.T, *Mind in Evolution*, p. 195。

查和实验的动作。他对于事物口吮、指弄、手摩、拉和推、取和舍，一直到这些事物没有什么新感觉才停止。这种活动不能说是理智的，但没有了它们，则理智的活动没有可以运用的材料，就薄弱而不能持续了。

（二）在"社会的"刺激势力之下，好奇发展到较高的一级：小孩子学会语言而能探取别人的经验。到这时，如果事物不给他有兴趣的反应，他便向别人去求得有兴趣的材料，一个新时期到来了。儿童不论在什么地方，都会发出"那是什么""为什么"的问话。起初，这种发问也不过是以前对事物的拉和推、开和合的好奇，向社会关系的伸展。小孩子连续地问："什么支持着屋子？""什么支持着支持这屋子的地？""什么支持着这地球？"他这样发问并不表明他意识到合理的关系。他的"为什么"不是对科学解释的要求。背后的动机只是急切地要对于他所存在的神奇世界得到更多的认识。他所求的不是定律或原则，而只是更多的事实。虽然这种好问的习惯有时流于一种语言病，而他的欲望却也不限于积聚不相联络的事实。他隐约地感觉到自己接触到的事实并不是事实的全部，后面总还有些什么，前面还会有些什么。而这种感觉便是理智好奇的萌芽了。

（三）好奇转变为对于人事接触中所引起问题的解答兴趣时，便超出"生物的""社会的"层级，而达到"理智的"一级了。在所谓社会的一级里，小孩所感兴趣的是问而不是答，答案他不是很注意，就是问，也没有一个问题注意得长久。一个一个连续地很快地转换，没有一个是发展为连贯的思想。他的好奇就表现在那样随问随答之中。教育者（无论教师或父母）的问题，就在于将生物性的试探、社会性的好问，引导到理智的发展上去。这个方法在于给予较远的目的，使小孩有搜寻和穿插别的事物和观念的需要。一个较远的目的控制着探究和观察的过程，约束着他们，使他们成为"达到目的的手段"（means to an end），能够到什么程度，好奇便比照着这程度而具有确定的理智性。

好奇的消失　　倘若好奇不能转变到理智的一级，它便会萎缩或散发掉。培根说，我们只有变成小孩子一般，才能进入科学的王国，因为儿童期这种虚心的好奇和这种天赋很容易消失。人们失却好奇的倾向或由于漠视或由于轻浮，即使不是因为这两种原因，又会流于硬性的独断，独断又是同样危害于好奇的。有人只循惯例，蹈常习故，使新问题、新事实无从发生。有人只谋私利，使所求的新问题、新事实不出于自己的职业以外。更有许多人好奇的只是关于邻里琐事或别人的得失毁誉，以致"好奇"一语，俗人便用以指对人私事的窥探了。所以教师对于儿童的好奇，自己所要学的多，而所能教的少。他很难引发或增加这个好奇的倾向，他的责任只在于供给材料和情境，使生物性的试探渐导入有目的、有结果且能增加知识的研究，使社会性的好问渐变为向人探问，而不止于问人事且问到书籍上问题的能力。教师要预防没有积累效果的新奇刺激，以免儿童只追求刺激，或对刺激也失兴趣。他也要避免教学上的硬性独断，以免儿童得到一种错误印象，以为什么问题都解决了，没有什么再需探究。当儿童的好奇形成了求知欲望时，他要知道怎样授予知识；当儿童还缺乏发问的态度，知识过多压抑了好奇的精神时，他也要知道怎样将可以授予的知识暂且保藏起来。

二　暗示

许多小孩，尝试着停止自己的"思想"，阻断自己

观念自然地发生

的观念流动。但是这种简单的、非控制的"思想"的必须发生和"身体在感觉，不管我们愿意不愿意"一样。无论观念或感觉，我们不能自己做主说要或不要。我们只能置身于（或被置于）某种情境，让自己有"有价值的观念或感觉"，让这些观念或感觉获得有价值的结果，最终我们能凭借它而继续发展，不致被它们刺激到疲困。

暗示是什么　　在它的原始的意义上，观念是一种"暗示"（suggestions）。我们经验里的事物，每个都不是单独孤立的，每个都带来了别的事物。不过一个事物占据着中心而格外明显，其余则或深或浅地渐渐模糊罢了。例如儿童正注意着一只鸟，占着他意识的中心的，当然只有这一只鸟，但实在的经验却包括以外许多的物和事。鸟必存在于一空间，在地上还是在树枝上；鸟也必在做着一件什么事，它在飞、啄，还是在叫。所以，对于鸟的经验并不是一个单纯的感觉，而是本身很复杂，也包括许多相关事物。这能说明为什么儿童下次看见鸟的时候，他就会想到之前看不见的其他事物。他现在经验的一部分有像他过去经历过的那部分，这样一来便会引起或暗示过去全经验中所有相关的物和事；而这被引起或暗示出来的物和事，又会暗示和它们有关的物和事，不但是"会"，而且是"必"会这样，除非另一新事物又引起了思维的另一条新线索。在这原始的意义上，观念的产生，我们无从自主。就像我们睁开眼就要看一样，观念起了，就要使我们过去的经验发生作用，但这或许并不是现在的意志和意向。这样的"思想"，与其说"我在想"，不如说"它在想"。只有到了一个人能够控制暗示，到了他担负起运用暗示推测未来责任的时候，提出"我"来才有意义，"我"才能当作思维的主体。

　　每个人得到暗示的能力不同。暗示就像物体有长、宽、厚一样，也有着三个"向度"（dimensions）。这三向度无论在自身上还是在组合上，都是因人而异的。这就是易和难、广和狭、深和浅。 暗示的三向度

　　（一）易和难

　　我们平常把人分为聪明和愚笨，其根据来自人们遇到事物所得暗示的易和难、快和慢。有的人遇到事物，只会被动地吸收或者机械地反应，事物也不再发生其他作用；有的人（聪明的人）便会反省，会对事物表达各种看法，而反应出来的这些看法增加了事物的意义。愚

笨的人，要有强烈的震动，才会发生暗示；聪明的人则敏捷机警，容易从现在事物得到将来结局的暗示。

然而教师不应当以儿童对于教科书的反应迟缓作为愚笨。在功课上称为"没有希望的"学生，一旦遇到他认为有价值的事情，如课外运动或社交一类的事，他会很敏捷地反应。就是功课也能够激动他，只要教材放在另一关系上，用另一方法来提示。在几何学上很迟钝的学生，假如在手工的关系上学习几何，便很灵敏；在历史上很迟笨的女子，遇着自己所认识或小说里描写的人物事迹，也很会判断。除了生理缺陷或健康损碍以外，在一切方面都迟笨的人是比较少见的。反应迟缓不一定是愚笨；有思想的人，要有时间给他去想。

（二）广和狭

不管人们对于事物反应的易和难、快和慢，暗示还有一个广和狭或多和少的分别。平常所谓"思如泉涌"，或者说思想枯竭，便是指着这种分别。有的时候，外表的反应迟缓，由于意思的太多而互相牵制，以致造成一种犹豫的状态。反之，思想过于敏捷者也会"先入为主"，阻碍思想的发展。暗示太狭太少，表示一个干枯贫薄的思维习惯，这种习惯和勤学再联结了起来，便成了一个学究。学究的思想是干瘪的，他的知识是烦琐的，他和一个圆融的、成熟像新鲜多汁的水果般的思想家不同。

只考虑少数意思就确定了结论，这结论在形式上或许是对的，但没有考虑很广很多的暗示而获得结论那样有充分丰满的意义。反之，暗示太多太杂也会妨害最好的思维习惯的养成。思绪纷繁，而无从抉择；仔细察看，而莫知适从；正反两面的意思，循环起伏，无论在行动上还是在理论上，都不容易得到一个结论。这样"想得太多"，意思太复杂，就使行动受了牵制。而且，暗示太多也会使它们的论理关系变得混乱，使一个人只以事实构成可喜的幻想自娱，逃避了寻求事实关系的困难工作。所以，最好的思维习惯在于维持暗示的广狭和繁简的平衡。

（三）深和浅

除了反应的难易、广狭外，我们也从反应的质量上分别它的深浅。

一个人思想深沉，另一个人思想浅率；一个人会探索事物的根源，另一个人却只会看到它的外表。在这方面，思维是最难靠学习而得到进步的。不过教材之于学生，在某种状况下能迫使他去深思，而在别的状况下只让他浅尝而已。寻常的假定，以为只要学生思想，便什么思想都有训练上的价值；又或以为只要学生积聚知识，便达到了学习的目标。这两种假定都会助长浅薄的思想。有些学生在实际事务上能够敏锐地辨别本末轻重，但是一旦遇到学校的功课，便分辨不出事实的轻重真伪，把所学的视为没有轻重真伪之分。即使有理智的努力，他们的努力也只用于语言文字联络的构成上，而不用于事物的辨别上。

有时，反应的深与慢有密切的联系。要融合许多印象而转化为明白的观念，不能没有时间。敏捷，或者只是昙花一现；"慢而稳"才能使印象较为沉着，思维较为深澈。许多儿童，因为对答得慢，便被指为迟钝，其实他们是在集合所有的能力应付这个问题。在这种地方，不给予充分的时间，徒然助长了粗率浮浅的思维的习惯。问题感觉得深，思维才能渗透得切。任何教学，仅为报表记忆、夸示娴熟、奖励学生，而把问题轻轻掠过，不去深刻思维的，都违反了真正的思维训练的方法。

我们都读过许多名人的传记，他们往往在童年学校生活中被视为愚笨，到成年却成就了伟大的功绩。对于他们童年的错误判断，有时由于他们所表现的能力不符合当时所认的标准。如达尔文（Darwin）对虫、蛇、水蛙的兴趣；有时由于他们思维的程度比别的学生（或教师）还深，在对答敏捷上头，并不能表现其能力；有时也由于他们思维的习惯，正和课本和教师所采的习惯相冲突，而人们只用后者的标准来衡量他们。

无论怎样，教师要先去掉一个错误观念，即把思维当作一种单独的、不可变的心能。他要知道思维表示个人对事物取得意义的各种不同的样子。教师也要去掉另一个错误观念，即把某种学科当作是理智的且有训练思想的幻力。他得知道，思维是"个别的"（specific），它不是一架现成配合于各科的机器，像一盏普照一切的明灯。它是个别的，那就是说，每个事物暗示它们独有的意义，而暗示于每个人又有不同的样子。就像身体的生长依赖于食物的消化，心智的生长也需要知识的组织。思维不是一架机器，会把各种材料照一个模型制成一种商品。它是一种能力，会把个别的事物所引起的个别的暗示探索到底，而联络起来。因此，任何学科，从希腊文到烹饪，从图画到数学，都可以成为理智的；并不是在固定的内部结构上，而是在它的引起思维的功用上是理智的。一个人可用几何学训练他的思维，另一个

思维是个别的
——任何学科
可成为理智的

人尽可用科学、实验、音乐或商业训练他的思维。

三　秩序

　　单有观念或暗示的发生，虽是思维，但不是反省的思维，不是引导到一个有证据而可确信结论的一种思维。观念没有连续的秩序便是胡思乱想。暗示要转变为反省还需另一种质量——连贯性。本来没有"观念的相联"（association of ideas）就没有思维，可是观念的相联并不能构成反省。唯有把这观念的相联控制了，把一个秩序从以前的观念引导到以后的结论，这才是反省的思维。所谓"理智的力量"就指观念的秩序形成了可靠的信念的力量。

　　我们把暗示的"易""广""深"三个因素平衡起来，调整得当，就得到了思维的秩序。太迟缓和太轻率不合适，太广泛和太狭窄也都不好。思维的连贯或秩序在材料的丰盈灵活中有方向的单一和确定，一方面不是机械的整齐，一方面也绝不是断续的蚱蜢似的跳动。有一种聪明的儿童，反应真的非常快，很多教师常说："只要他们定性下来，什么事他们都能做。"但不幸，他们可能就是定不下来。

　　另一方面，思想的连贯不止于不分歧，呆板的一贯并不是我们的理想。思想集中不是固定或暗示的停顿萎缩，它是丰富灵活的观念，向着一个结论而组成的一个持续的活动。我们集中我们的思想，像将领指挥他的军队作战一样，不是要它们静止不动，而是要它们向着一个目标去动。也像驾驶船只一样，船的位置常在变动，而方向却只是一个。一贯的、有秩序的思维是要有在一个方向上的变动。所以连贯不只是没有矛盾，集中也不只是没有分歧。各种繁复的和不调和的观念都可以自然发展，只要每一个观念与要达到的总结果相联系，那思维便是一贯的，有秩序的。

　　大多数人的思想都在有秩序地发展，依靠的主要资源是间接的，而非直接的。理智的组织是从达到目的的行动组织中发起的，并且在一个时期内，是伴随着发展的。达到思维以外的目的而引起思维的必要，比专为思维而思维有力得多。由于行动的秩序而达到思想的秩序，所有人在起初都是如此，而多数人是终生皆如此。成年人平常都有一种职业，就是他们的知识、信念、思想环绕着组织起来的中心。凡有关于职业效能的观察，是渐渐扩充而求得正确的；凡有相关的知识，不仅是积累，而且是分类收藏的。他们思考推论不是为玄想的动

思想的秩序是行动的秩序的间接伴随

机，而是因为职务上有效的行动所必需的。所以，他们的推论常受事实结果的试验：无效的、散漫的方法自然会减少；有秩序的行动因报酬而自然增加。事实结果本是思维想要得到的，但也是思维的永恒的束缚。除了科学的专家以外，一般人的思想秩序就受着行动效能的束缚——当然这是指智慧而非机械的行动。

儿童的特殊困难和机会　成人生活里训练思想的这一力量，在青年的思想训练中，也是不容轻视的。从很小的年龄起，儿童要选择动作和事物作为达到目的的手段。有选择，就有整理和适应，这些又都需要判断。适宜的生活情境，无意地造成了适宜于思维的态度。可是从他们活动的组织性上看，儿童和成人有很大的不同，这个差别在教育的应用上需要慎重考虑。（1）成人活动结果的必要比儿童迫切得多，所以在他的思维训练上更加有效；（2）成人活动比儿童活动专一得多。

（一）儿童活动的选择和组织比起成人来困难很多。成人活动的大部分受到生活情境的限制。他的社会地位——公民、父母、职业等，规定了他动作的范围，几乎是必然地取得了相关的思想方法。至于儿童，就没有这样地位、职业的束缚。他没有什么可以确定他动作的选择；别人的欲求、自己的好恶、周围的情境都只引起一种孤立而暂时的活动而已。这种持续的动机的缺乏，加上儿童内在的可塑性的丰富，一方面加重了教育上训练的责任，一方面也增大了选择适当活动的困难。这种选择会听命于独断的因素、学校的成规、教育上的时髦、社会里的各种错综的趋向，等到结果不满意的时候，便来一个反动，又排斥任何儿童的活动，最终仍旧回到书本的功课上去。

（二）但就是这一困难也指出，在儿童生活里，要选择含有教育价值的活动机会也比成人生活里多得多。多数的成人受外界情境的迫压，职业活动中教育的价值——即对于智慧和品性上的影响——即使是真切的，也不过是偶然；而常是意外的儿童和青年的问题是，怎样选择有秩序、有价值的活动，使得这些活动虽同时是成年生活的预备，而其自身对于思维习惯的养成上有影响。

教育的方法在儿童活动这一问题上常在两极端之间摆动。

一个极端是完全忽视活动。其理由是儿童活动是无秩序、无定向的娱乐，只诉诸不成熟的好尚和偶然的任性；即使不是这样，那也不过就是成人生活里职业化活动的模仿。学校假如容许这种活动，不会被说是调剂理智工作疲劳的必要，会被批评是因为受到外界功利主义的影响。

另一个极端是完全信仰活动。把活动当作有神秘的教育效力，什么活动都好，只要不是静止的书本材料的吸收。凡游戏、表现、自然生长等概念，都来说明任何自发的活动一定有思维训练的价值。

什么是有价值的活动

在这徘徊两端之中，最严重的一个问题倒被忽略了，这问题是：怎样发现和组织有价值的活动。有价值的活动是：（1）最适合于儿童发展阶段的；（2）最能为成人社会责任预备的；（3）最有利于灵敏观察和连贯思考习惯养成的。活动的秩序虽然本身不是理智的，却与思想的秩序有关系。

四　教育上的结论

希腊最伟大的哲人说"惊疑"（wonder）是一切科学哲学的创造者。好奇不等于惊疑，但好奇达到了理智的程度，那就是惊疑了。惊疑的仇敌是外部的动作整齐和内部的思想机械。刺激惊疑的是新奇，是意外。大家知道动的事物比静止的事物更易引起注视；身体的活动

的部分比固定的部分更敏于感觉的辨别。可是奉了纪律
和秩序之名，学校的状况，却力求其单调一致，课桌、
课椅是排列固定的；学生是受军事管理的；教科书是念
来念去而不许有课外读物的，除了教科书上的材料，其
他都是不许讨论的；教学方法上的秩序，也是不许有新
奇和变化的。在较优良的学校里，情形或不至于这样。
但以机械的习惯和行为的整齐为理想的学校，实在不会
有刺激惊疑而培养它活力的机会。

　　对于这种机械的教育办法的反动，只是一个反动。
这就把新奇当作自身的目的，而不知新奇仅是观察思考
的刺激而已。这就将变化弄成零乱，反而妨碍连贯性的
思维了。为了秩序和外部的整齐划一联系起来，就连有
效的行动所需的秩序也忽视了。而且学校中多数活动时
间太短，不够让连贯的观念徐徐发展，也就不够引起反
省的思维。说到要记忆事实的正确，便徒然使节目繁
多，纲领又失掉了。说到要获得知识的丰富，便误以为
是零乱堆积，融会贯通又没有了。我们有一句老话，真
正的艺术必定有"变化中的统一"（unity in variety）。
教学的艺术何尝不应该如此呢？我们只要回忆到那些遗
留下永久理智的教师，便知道这些人尽管违背了教学法

上若干固定规则，而在他们的教学中，看起来像是超出范围的闲谈，却始终保持思想的一贯。这些人虽然以新奇、变化刺激活跃的注意，但其实是利用新奇和变化来发展和丰富他们的主要题目。

第四讲　学校的情境与思维训练

一　引论——方法与情境

　　所谓"心能心理学"（faculty psychology），与教育上的"形式训练说"（formal discipline）是相携并进的。如果思维是心智机构的一个零件，与观察、记忆、想象、判断等是分开的，那么思维当然可以特殊训练，和肌肉一样可以用特殊训练来练成了。于是某些学科被当作自身是理智的、论理的，最宜于发展思维能力的，正和某些器械最宜于发展腕力一样。与以上三个观念平行的，还有第四个观念，即把方法当作是发动思维机构，让它变成对任何教材工作的一套法则。

　　前面的几讲里，我们已说明，没有一个单独整齐的思维能力，只有个别事物（观察，记忆，听到、看到的事物）所引起与问题相关而能得到结论的许多不同的

形式训练对实
在思维

样子。所谓训练思维，不外乎发展好奇、暗示和探索试证的习惯，以增加对于问题的锐感和探究其所未知的爱好；以增加所起暗示的恰当，而控制它的连贯；以增加所观察的事实，所运用的暗示的感觉。思维不是一个孤立的心理过程，它只是观察事物、使用暗示以及使它连贯的一种方法。因此，任何学科、材料、问题都是理智的，并非它们本身含有什么理智，而是因为它们在引导思维的作用上是理智的。

思想的训练是间接的

    因为这些理由，养成反省的思维习惯的方法，在于怎样供给可以引起好奇的情境，怎样构成经验中事物的联系，以增加暗示的流畅；怎样设定问题和目的，以取得观念的连贯。这些题目以后还要详论，而现在学校的情境不符合这种条件，可以先举一二例来指明。遇到儿童提问的时候，教师常叫他噤不出声，儿童的探索和搜寻被认为不方便，被讨厌。不指导儿童联络得到的经验事实，却只教他记忆单轨的文字联络；不创造一种"设计"来"强迫"儿童去做、去想；从一件事的做成引起新的问题，暗示新的设计，而只供给以固定的教材。只要这种错误的情境存在着，即使教师创造出训练思维的特殊方法或练习来，也必归于失败。思维的训练，只有在引起思维的原因控制上得到成功。

教师对于训练思维有两方面的问题：（1）他应当先研究儿童的特质和习惯的问题（如前讲所说）；（2）他应当研究指引儿童能力表现的情境。教师"自己所要学的多而所能教的少"，他应当知道，所谓方法不只包含他所能编造的特殊练习，而在于他无意间所做的一切，学校的"空气"和情境与儿童好奇、暗示以及秩序的活动都有关系，都是方法。如果已经了解儿童的心智作用和学校情境作用的关系，那么我们尽可以信任他去选取狭义的任何教学方法，任何最适于学习法律、地理、数学等科的方法。如果还是不懂上述的两个问题，那么即使有最好的机械方法，也不过只有目前的效果，这样牺牲了更深更久的思维习惯。

教师常有一种问题，即专注于儿童所习的个别功课。他只问学生在算术、历史、地理等学科上得到了多少进步。这样一来，更深更久的习惯、态度、兴趣的养成反被忽视了。这事实的另一面是：教师专注于影响个别功课的学校情境，凡影响永久的态度，尤其是品性特质（如前所举的虚心、全心、责任心）的普通情境，反而忽略了。本讲先说一说这些影响思维习惯发展的普通情境。

普通和个别的情境

二　他人习惯的影响

只要知道人类本性中的模仿倾向，便知他人的心智习惯怎样影响一个受教育者的心智习惯。"身教"从来比"言教"有效。教授训导的方法，尽管有在专业技术上看来是错误的，却因教师个人特质的感动，用起来很有效。

教师是思维反应的刺激

把教育者（不论父母或教师）的影响局限于所谓儿童的模仿，是一种很肤浅的看法。所谓模仿者，只是另一个较深的原则——刺激反应的原则。教师无论做什么、无论怎样做，都会引起儿童的反应，而每一反应都影响儿童以后的态度。即使儿童的反应是一个"不注意"，那"不注意"也是无意中训练的结果。有一个四五岁的小孩子，几次被母亲叫唤回到屋子里去，但是不应。问他听见母亲的叫唤了没有。他很审慎地答："唤，听见了，但她没有发疯地叫。"教师并不全是儿童了解功课的一个媒介，他自己人格的影响和功课的影响交互融和。对于儿童来讲，两者分不开的。儿童对功课或向或背的反应中，经常有自己意识不到的好恶爱憎掺杂在其中，不仅仅是对教师的动作，也对他所教的功课。

教师这种对于儿童的道德、礼貌、品性、语言、交际、习惯的影响程度是大家承认的。只因把思维当作一个分立的心能，遂使教师竟忘却自己的这种影响。在儿童的理智上，也一样实在而深彻，以致对于功课只注意以下几个要点：

（一）以己度人

多数人不明白自己心智习惯的特质，假定他无意以此标准度量他人。例如有人思想中有一种"数目格式"（number-form），把数目字的系列伸展于空间，排列成了格式。问他为什么没有说起这特质。他答，这是用不着说的，还不是每个人都有这种习惯。因此，学生符合于教师的态度的，便受奖勉；其不合的，便遭忽视或误解。理论学科之所以比实用学科视为更有思维训练的价值一部分，也就是因为在教育的职业中，只奖励有理论兴趣的人而摈弃有实务才能的人。依这标准所选择出来的教师又以己度人，再以这标准来评判儿童和学科，于是只鼓励片面的理智兴趣，而压抑实际才能的发展了。

（二）过重自己影响

这点在优良教师中尤甚，他只靠自己的才能以引起儿童的努力，这样个人影响就代替了功课自身的动机。在他的经验中，觉得有时功课不能引起注意时，他自己

的人格却常有神效，他就渐渐地利用自己的才能，直至
教师与儿童的关系代替了儿童与功课的关系。这样他的
人格，反而变成儿童依赖和薄弱无能的一个原因，反而
使儿童漠视教材自身价值的一个原因。

（三）满足教师而非满足问题

教师思维的习惯会使儿童学习他自己的特质，而不
学习他所教的功课。学生只图满足教师的要求，而不
务教材里问题的探究。"这答案对不对？"其意义成了
"这答案会使教师喜欢不喜欢"，而不是"这答案能不
能满足问题内含的条件"。儿童在学校里观察人类本性
而熟悉人情，原不算没有价值，但如其他的问题，是在
于如何使教师满足，他的成绩是对别人的标准适应，这
显然要不得。

三　课程的性质的影响

照一般习惯，学科分为三类：（1）技能学科——
如读、写、算、唱歌等；（2）知识学科——如历史、
地理等；（3）思维训练学科——这里技能和知识的获
得都不注重，特别注重抽象的思维，如数学、文法等。
每一类，都有它特殊的陷阱。

在所谓训练或论理的学科上，有理智活动与实际生活分离的危险。教师和学生都会有趋于分离的看法，结果把抽象的、理智的当作超然的、不可应用的、没有实物和道德上的关系的。专业的学者一离开自己专攻的学科容易乱发议论，妄作判断。对于实际事务得不到正确的结论，对于自己的专业常会有夸大的看法，这些都体现了学问与生活分离的弊害。

训练学科易于失却实际的接触

技能学科的危险与之前提到的相反。在这里，学生只要以最快捷的方式得到固定的结果。这样就使课程变成机械的，限制了理智的能力。读、写、图画、仪器实验这些学科里，需要的是时间与材料的经济以及明净准确、敏捷整齐。这些需要是这样急迫，管不得对于一般心智的影响如何，而自身变成了目的。单纯的模仿、呆板的方法指定、机械性的熟练可以很快获得效果，而这种效果给反省的思维带来了莫大的危害。只告诉学生做这样那样的事，而不让他们知道获得最终效果以外还有什么理由；只指出学生的错误让他改正；只用单纯的反复练习，以致习惯变成机械性的自动。这样教下去，就会发现学生只会读书没有领悟了，只会计算而没有对于问题的理解。在若干教育信条和方法中，心智训练的理论与不用心智的实习，是始终含混而没有分得清的。这

技能学科易于变成机械

种方法，把人和别的动物看成一样来训练。不知道技能的获得既然没有智慧的参与，则所有技能、技术是不能够智慧地运用的。

知识学科不能
发展智能

知识和智能的错误对立在高等教育这个阶段尤其显著。一派人以知识为先，否则思维没有它的依据；另一派人觉得思维的发展最重要，除专家及研究员以外，知识自身不是一个目的。其实我们所求的是在一种情境中，使知识或技能的增加（即同时有思维和智慧的发展）。"知识不就是智能"这句老话，是常值得复述的。知识是材料的积累，而智慧是能够引导能力，并且能在生活改进的知识。单纯的知识并不包含特殊的理智训练，而智慧则是理智训练的最宝贵的效果。在学校中，知识的获得常与智慧的发展相背驰。其目的，似乎把学生变成了一部"无用知识的百科辞书"，第一是要知识，其次才轮到思维的培养。

思维当然不能在真空里进行，没有知识也不会有暗示和推论。可是把知识本身当作目的，或把知识当作是思维训练的一个部分，其间就有天渊之别了。离开了在解答问题上的应用，专为知识而积累知识，以为如此所得的知识以后可以在思维上自由地应用，这完全是一个错误。智慧所能用的技能，是凭智慧所得的技能；思维所能用的知识，是在思维中所得的知识。往往书本学问不多的人，却能充分运用他所有的一点学问，只是因为这学问他自己是从实际情境的需要上得来。至于学问渊博的人反被学问淹没，这是因为他这些知识是靠记忆而非靠思维得来的。

四　流行目的的影响

目的和理想，不能与前述各点完全分开。机械的技能熟练、抽象的知识增加，是目前学校里流行的教育理想。可是我们还可以辨别出若干趋势，例如只从表面结果上评判教育，而不顾及态度习惯的发展。单以"结果"（product）为理想，而不顾及达到结果的"过程"（process），这在教学和训育上都表现出来了。

（一）在教学上

表面结果的注重，表现在对儿童"答得对"的注重。教师的心里只是要求学生背会，然后作答正确，这对于教师在思维训练的注意是最有害的。这一目的抬得这样高（不论有意无意），会使心智的训练变得偶然而次要。这个目的为什么这样流行，我们不难了解：一则，教师所应付的儿童人数多；二则，家长和行政当局对于迅速而有形成绩的要求（其对教师的要求，只是他对于教材的知识，而不是他对于儿童的了解；教材的知识也不过是规定的，易于熟悉的部分。至于以培养学生的理智态度和方法为标准的教育，便不如此。那种教育要求教师自己的准备训练也很严格。因为它要求教师对于儿童心智的作用有同情且智慧的了解，又要求他对教材娴熟，使他在需要什么时便能选择什么，运用什么）；三则，表面的结果便于学校行政的措施，如考试、记分、排名、升级之类的事务。

（二）在训育上

表面结果的抬高，对于儿童的德行也有很大的影响。对于成训成规的顺从，是最容易也是最机械的行为的标准。独断的教训、传统的习惯、有权力者的命令在道德训练中应占多少地位，这不是我们现在所要讨论的问题。不过德行的问题是生活问题中最深刻、最普遍的一个，即使这些态度和道德问题一点直接的关系也没有，对这个问题的态度自然也会影响到别的心智态度。说实在的，一个人的最深刻的心智态度是他对道德问题的态度来决定的。如果在最重要的道德问题上，思维的功用降至最低的限度，而还要希望在次要的事情上思维会发生什么功用，那是不合理的。从另一个方面来看，在道德问题上有积极思考选择的习惯，也便是在一般问题上能够运用思考的最好的保证了。

思维有没有训练的转移

　　上面所说的一点引起了一个问题，即我们既然否定了心能心理学，而不认特殊的思维能力可以用特殊的形式练习来训练，是不是我们同时否定了思维训练的可能呢？这个问题一部分的答复在于思维性质的概念（即思维不是心能而是材料与活动的组织），以及思维与客观情境的关系。但这问题的另一方面，在于所谓"转移"（transfer）的解释。在一种情境或一项学科上所得的思维能力，用到另外一种情境或另外一项学科，是不是同样有效？一个科学专家对于实际事务会像孩童一样，他对于政治宗教问题的讨论，会违反自己科学上谨守的一切方法原则。从这上面看，转移是不一定有的。现在大家承认，转移要有共同元素为基础。那是说，技能或理解从一种经验转移到另一种经验，依赖于这两种经验中有共同元素的存在。举一个最简单的例子，小孩的语言观念的引申。一个小孩对于四脚动物的经验，限于一只狗，看见了任何四足兽，大小和狗相似的，都叫它是"狗"。从一种经验过渡到另一种，共同元素是一个桥梁。思维（我们以后要详论的）正是这共同元素的意识把握。所以，思维是增益可以转移的元素，而转移对思维是有益的。当然，前提是我们把握住共同的元素，否则任何转移都只是盲目的、偶然的。因此对于一般思维训练之不可能说的第一答复是：思维正是使转移可能而给转移以控制的一个因子。

学科愈专门，供给思维的共同元素愈少。任何学科的专门性，我们可以用这一点来测验：它与日常经验缺乏共同元素，与日常经验隔离到多少程度。一个初学代数和物理的人，凡"指数""原子"等观念都是专业的。他感觉不到这些名词和日常经验中的事物、动作有什么关系，似乎和他的学校经验中的其他材料也不见得有什么关系。但在成熟的科学家看来，这些名词便没有这么多的专业性，因为在他的科学研究经验中，这些是普通的观念。人们的童年经验以及除专业学问外一切经验大部分的共同元素是"人"，是人与人的关系上的元素。小孩子视为最重要的事情，是他和父母兄弟姊妹的关系。与这些关系相联系的元素，不断地在他所有的经验里出现。这些元素渗透了他大部分的经验，且供给他经验包含的所有意义。所以人的社会的元素是可以转移，而且最容易转移的。它们给的材料是最适宜于一般思维能力的发展的。小学教育在发展思维上存在弊病的一个原因是，儿童到学校里来，他的生活经验突然中断

了，学校经验与他以前那样渗透着人的关系的家庭经验
之间划着一条鸿沟，这使学校教育变成了"专门的"，
而因为学校经验和早期经验没有共同的元素，儿童的思
维也就无从培养了。

第二部分　论理的探讨

第五讲　反省思维的过程与结果

一　形式的思想与实在的思维

　　一打开一本论理学的教科书，你便看到"名词"的
分类，如普通的、特殊的、外延的和内含的；"命题"
的分类，如肯定的和否定的，全称的和特称的，以及
"三段论式"，如"凡人皆有死；苏格拉底是人；故苏
格拉底有死"。这种形式的推论的一大特点，在于其中
个别的名词可以去掉，而成为一个空白的格式，随便
填充。上述的"三段论式"，便可以成为这样：凡M是
P；凡S是M；故凡S是P。在这公式里，S是结论中的主
词，P是宾词，而M是中名词。中名词出现于两个前提
内，而为S和P的连环，S和P是论理上不联络的，却由它
而得到了统一。它是结论"S是P"的一个根据。在无效
的推论中，中名词不能将结论里的主词、宾词紧密而完

教科书上所谓
论理

全地联系起来。这种"三段论式"的有效无效，可以列举许多规则来确定。

实在的思维如何和形式的论理不同

至于我们心里的实在的思维和这形式的推论，有重大的区别。（1）形式论理的内容是绝对不涉人的，几乎和代数公式是一样。这种形式是超然于思想者的态度、欲望或意愿之外的。可是任何人的实在的思维，如我们以前所说过的，依靠着他的习惯。他有细心、透彻等的态度，那他的思维是好的；如其他是心粗、气浮、怠惰与自私，则他的思想是不好的。（2）论理的形式是永恒不变的，不因所用的内容而异，正和二加二等于四一样，是没有变化的。而实在的思维却是一个过程，它发生前进，它是在继续变动之中；它步步要应付事实的内容；一部分材料引起了问题和困难，另一部分材料就指出问题和困难的解决方法。（3）论理的形式是不管事实的背景的，因为它是含纳任何内容的。而实在的思维却常常要参照着背景，它本来是从思维自身以外的不安定的情境而发生的。我们可以将前引关于苏格拉底的死的三段论式，来和他受审判时他的门徒盼望着他健在的心情比一比。

论理的结果和心理的过程

从这些对比上，思想可以用两个不同的观点去看，这见于本讲的标题。我们称之为结果和过程，论理的形式和心理的过程，也可以称为历史的和现实的形式是永恒，而过程是有时间的。

我们在教育上所关心的，主要的是每个人的实在思维。我们要养成适于有效思维的态度，也要选择组织许多课程和活动，以养成这些态度。

然而这不是说形式的论理在教育上一点没用处。如其安处在它正当的地位中，它也有它的价值。这地位便是所谓"结果"。它能把实在的思维的结果排列成一种形式，而判断它的正确与否。譬如来说，论理的形式好比是一张地图，实在的思维好比是由地图所制成的测量和探险。前者是结果，后者是过程。虽然没有测量，没有探险，地图不会存在，而地图在制成以后，尽可以不提那测量探险的经过而自由地使用。你看着一张美国地图，而要去使用它，用不着想到哥伦布、张普伦、罗伊士、克拉克以及无数探险家的试探和艰苦。

这地图摆在你的面前，它是任何人可以照着去游历的形式。如其使用得好，它是你的行程的稽核、你的动作的引导。但它并不告诉你到哪里去。你自己的意愿和计划决定你的目标，你自己的过去决定你现在在什么地方及从什么地方出发。

论理学教科书中的论理形式，并不自命能告知我们

论理的形式不用于实在的思维而只用以表述思维的结果

怎样思维或应当怎样思维。没有人依着"三段论式"而得到苏格拉底会死或任何人都会死的这一观念。倘使已经从搜集和解释证据而得到了这凡人皆有死的观念，而愿意向人说明信念的根据，则可以使用这"三段论式"；如其要说明的简括，则必会使用这"三段论式"。例如一个律师，预先知道要证明的是什么，已经构成了他的结论，而愿意歆动别人的听闻时，他会把他的推论列成这种形式。

总之，这些形式不用于结论（信念与知识）的获得，而只用以表述已得的结论，而向人（或向己，如其愿意回忆）说明这结论的理由。或许在获得结论的实在的思维中，充满了错误的观察和暗示、无用的设计和行动，正因为不知道问题的答案，必须向前摸索，而且在暗中摸索。开始的设计，后来最终放弃。这种真理的探求和那真理的已经获得一比，它的思维情形是根本不同的。

所以，既得结论的论理的形式，不能规定在疑难和探究中取得结论的方法。不过在反省过程中也常有局部结论的出现，常有暂时停留的驿场，这是以前思维的终点，也是以后思维的起点。结论不能一蹴而就。到了每一驿站，最好把以前的经过复核一番，看一看和要达到的目标有多少关联，有怎样的关系。这样，前提和结论在彼此确定的关系上同时制定，而所谓论理的形式便是这种制定了。

反省思维中的过程和结果是没有固定，绝对分剖的。我们称过程为心理的，称结果为论理的，我们的意思也不是说，只有结果才算论理，而一步一步进行，步步包含个人目的的活动，便不是论理。我们所辨别的是结果，是论理的形式，而过程是论理的方法。

实在的思维有
它自己的论理
——它是秩序
的合理反省

我们所说历史的论理，便指事态向一个结束的顶点的循序发展。我们说一个人语言行动没有论理，不是指他的语言行动不合"三段论式"，而是指他的语言行动没有连贯，没有秩序，他的手段不能达到他的目的。在这些地方，"论理的"等于说"合理的"。没有论理的人，是无目的地游移，不自觉地离开他的题目；不但一步便跳到了结论（我们大家在某步上也必是如此），而且毫不复核它经过的步骤，看一看证据是怎样。他不自知地陷于说明上的矛盾和谬误。

一个思想合于论理的人，在思维的每一步是细心的，他要把握着他的证据，得到结论以后，他不厌烦地拿来和证据相核对。总之"论理的"是指思维的过程是"反省的"，是辨别反省的思维于其他所谓思想的。拙工制器，关节不准且边缘不匀；巧匠做起来却省时省料，坚牢干净。这就像我们在思维上的分别。

一个"有思想"的人，不是沉溺于随便什么思想。真有思想必是合于论理的。有思想的人不轻浮，而且很仔细、不盲动、很谨慎。他要权衡、审度、估量（这些字都指对于证据的比较），再则他要考察检讨，换言之，他绝不照表面价值去接受任何观察，他要探索这观察有没有事实的证据。牛奶冒充奶酪，野菌看似香菇，我们在这些地方很少接受感觉所仅有的证据。太阳不绕着地球，月儿也没有盈缩，有论理的人是必须检查可靠的证据的。最后，他要计算核对。Reason（理性）和ratio（比例）在语根上是相连的，背后是关系准确的意思。反省的思维要探查关系，它不以任何常见的关系为满足，而要找出情境所许可的最精确的决定关系。

总结

因此，所谓"心理的"和"论理的"不是对立的，只要思维是反省的，它总是灵敏缜密，透彻确定而准确的，那它也就是论理的了。我们把"论理的"和"心理的"分开，只是用这"论理的"来表示一个思维过程所得的结果的形式的排列，这种排列简括地表述着结论，而显出它确实的证据。散漫的思想其结果是落空的，要证明的是什么也是模糊的。真正反省的思维却必定要归束到一个结果，把这结果明确地表述了出来，便成为结论。反省的思维也必定要检查结论；所根据的材料，把这表述出来，便成为前提。例如几何学上的推论，每一命题末了必有一个结论；如其学习几何者，不只记忆而能够了解，那么便会把握着所经证明的结论，也知道它证明的过程。

二　教育与形式的关系

从上面的讨论，我们明白：教育在理智方面，最紧要的是要培养反省的思维的态度，保持所已得的，也改变散漫的使成为紧密的思维方法。当然教育并不限于理智一个方面，它也要训练实用效能，培养优良品性，增高美术欣赏。可是在这一切事情上，至少有一个意义的元素，亦即一个思想的元素。否则实用变为机械，道德流于独断，而欣赏只是感情冲动了。本书以下限于教育的理智方面的讨论。我们郑重地说：教育在理智方面的任务，在于培养灵敏缜密而透彻的思维习惯。

当然，理智的学习也包括知识的增加和保持。然而没有理解，则知识徒然成了不消化的积滞。什么叫作理解？这就是知识和各个部分在它们相互的联系上的获得

学习是学习思维

和把握。而这结果便非对于知识有过反省的思维不能得到了。文字的机械记忆与理解记忆完全不同；后者能够保持知识的关系，所以能够运用知识于新的情境中，而前者完全不能够。

所谓心理的思维，是一个实在的过程。它有时是凌乱的，也有时只是幻想。若使它常不过是这样，则不但思维没有价值，连生活也难于维持。如其思想不和实在情境发生关系，如其不合理地从这些情境进行到所要求得的结果，则我们将永远不会发明，不会计划，永远不会解除什么困难。我们已经注意过了，思维的合理性，由于它内在的元素，也由于外界情境的必要。

很诧异的是思维的过程与结果的必然的联络却是两派教育理论所共同疏忽的。

思维的过程和结果的联络为两派教育理论所忽视

一派以为人的心智是天生不合理的过程，必须从外而强纳于论理的形式。它以为只有组织完成的知识才有论理性，所以只有从吸收完成论理的教材，儿童的思维才会有论理。而教材的论理的形式，又非个人思维过程的结果，只是另外一个人的规定。规定了，便脱离它的过程，而只以完成的形式来提示，仿佛有一种幻术，这论理性便自然会移植于儿童的心中。

举一二例来说明吧。例如所教的是地理。第一，先须举出地理的定义，以区别其他任何的学科。其次，举出这地理科学所因之发展的许多抽象名词，南北极、赤道、日月食、寒带、热带，一个一个给予定义和解释，从简单而至较复杂的单元。再次，才举示较具体的事实，大陆、岛屿、海岸、海角、地峡、半岛、海洋、湖沼、海岸、海湾等。在学习这种教材中，学生不只是得到重要的知识，更重要的是从这些定义分类中获得思想上论理的习惯。

这种方法是适用于任何学科的，读、写、自然、音乐……什么都可以这样教。例如图画就可以这样：一切图形既然只不过是直线和曲线的联合，最简单的方法是先教学生练习画各种位置不同的直线，例如纵线、横线、对角线，再练习各种的曲线，最后联合各线而构成画图。这是理想的论理的方法，由分析而循序以至综合；在分析中，每一元素都有定义，因而可以清楚地了解。

即使不采取这样极端的形式，能够不过分重视形式以为论理训练的学校（特别在小学），实在是很少的。总以为有若干确定的步骤，排列成一定的次序，便表示一个学科的内容，学生必须能够分析这些步骤，学得这种机械的公式。在文法和数学里，固然这方法是达到了顶点，就是在历史和文学里为了理智的训练，纲要、图解、表格和分类也是要用的。就在记忆成人论理的这种干枯的片断的摹本之中，儿童有活力的思维被磨钝了。

"教学法"之所以受人轻蔑，这种错误的论理方法的采用恐怕是一个最大的原因；人们听到"教学法"便以为是一套机械的、有意的技术，专为代替儿童心智发展而用的定型的法则。

从上述各例中我们可以看出，所谓论理的，几乎完全等于教材的形式性质了，几乎完全等于学科专家所完成的内容、定义、简练、分析和组织了。这把教学的方法看作以教材的熟悉而移植论理性于儿童心中的一套技术，至于儿童心智的自然的作用，反看作无关或有碍于论理的过程。于是学校的口号，便是"纪律""严肃""努力"这些了。从这观点上看，包含教育论理的因素的是教材，而不是儿童的态度和习惯。儿童的心智只有和外界的教材相符，才能算合于论理。要造成这种相符，每种教材先得（由教科书或教师）分为它的论理的分子，每个分子得给予一个定义，最后，所有分子得依照论理公式或普遍原则，排列成若干系列和门类。学生举着一条一条的定义，一步一步地增加这些定义，造成一个论理的系统，终于自己也论理化了。

这种称为论理的方法所生的教育的恶果，必然地招来一个反动。凡学习兴趣的缺乏、不注意和延宕的习惯、理智运用的厌恶、很少了解的记忆和机械作业的偏重，这些都显出论理的定义、分类、次序和系统，在事实上并不能奏理论之效。反动的结果，便走向另一个极端。这一派的教育理论遂以为论理完全是机械的，是外铄的，教师和学生都应该唾弃它的，儿童固有的好尚兴趣是应该给以无限制的表现的。把儿童的自然倾向和能力当作发展的唯一出发点，这确是十分健全，可是这派的反动也是错误的，因为它又否定了这些倾向和能力中理智因素的存在。

这派理论骨子里承受了前一派的根本前提，那就是儿童的心智是自然地厌恶论理的，其理由是儿童对于教科书所用的论理形式都是反抗的。因此，它以为论理的秩序既与心智的自然作用不相容，在教育上，至少在儿童的教育上，是不重要的，教育不必问理智的生长，只要给冲动和欲望以自由的表现。这派学校的标语便是"自由""发展""个性""兴趣"这些。在它注重个人态度和活动之中，它看轻了有组织的教材，它把教学的方法当作依照儿童发展的自然顺序而引起他潜在能力的技术。

两派的基本谬误相同

以上两派教育理论的基本谬误是相同的。它们都否认反省的、真正论理思维的倾向是儿童所固有；它们都不知道，因为外界情境的要求，内在的好奇的刺激在儿童早期已表现出来。儿童推论的倾向是本能地试证的欲望，是内在的。心智在它发展的每一个阶段里都有它自己的论理。它有假设，它会用事物的观察来试证这假设；它有结论，它会在行动里取得这结论的证据（或修改和放弃这结论，因为没有证据）。婴儿从观察中生出盼望，从所见的事物得到所不见的事物的暗示，他已经在推论了。所谓"自由表现"的一派教育忽略了自发活动的表现中最重要的一个因素，理智的因素在教学方面是占主要地位的教育因素；一切活动的其他方面应该是辅助它发展的手段。

任何教师只要留心体会儿童自然经验中的作用，便不至于把论理当作教材的固定的组织，也不至于因为避免这一谬误，遂轻视论理的要求。他不难了解：理智教育的实在问题在于如何转变自然能力为熟练能力，如何转变任意的好奇和暗示为灵敏缜密和透彻的探究。他会了解：心理的和论理的并不是相反或彼此独立的，而是一个过程的一始一终。他也会承认：成人所有教材的论理组织并不是唯一的教材组织；除非学生相当地成熟，能够理解这种形式的原因，否则这种论理的组织实在并不合适。

教材严格的论理组织代表一个专家或熟练者所得的结果；定义、分类代表这结果的缩写。一个人要能够做正确的定义、透彻的分类、综括的原则，其唯一方法即为照自己现有的程度，做起思维的功夫来。理智的组织原不能缺少，否则徒然造成模糊杂乱和不连贯的习惯。可是这组织不一定适合于专家的标准，因为专家已获得的，在儿童，还在练习试探之中。把学成者的终点作为初学者的起点，岂非荒谬？至于缜密的考查、连贯的推论、一种结论及其所根据的理由的表述，那都是初学者应该要求于自己的。

总结起来，"论理的"这句话至少有三个不同的意　**总结**
义。在最广义上，它指任何思维能够达到论理的结论，哪怕它所含的实在过程并不合于论理。在最狭义上，它指按照标准的形式，从明白而有确定的意义的名词所构成的前提而证明的结论；它指一种严密的证明。介于这两个意义之间，而为教育所最关切的，是指系统地控制那思维的过程，而使思维成为反省的。在这意义上，"论理的"指自然的思维过程的轨范，指把思维当作一种艺术。

三　训练与自由

训练的概念　　　　在前面的讨论里，我们说到两派教育理论所提出相反的口号，"训练"对"自由"。而从我们的立场说，每派都误解了自己所信的原则的意义。如儿童的自然的心理的过程没有内在的论理，而论理必从外界强制而得，则训练只有消极的意义了。这就要痛苦地把儿童喜欢的途径强改为压抑的途径；虽痛苦，而为遥远的将来生活的预备计，竟无可避免。这种训练等同于锻炼或操练。用机械的比喻说，这仿佛是将一块不相属的金属质无情地锤打，把它打进另一种材料里面去。用操练的比喻说，又仿佛是对于新入伍的士兵施行他们所本来不会有的军人的约束和演习。这种训练（如属于后一比喻的）即使称为训练，也绝不是心智训练。它的目的不是思维的习惯，而是表面动作的模样。只因教师们不问训练的意义，以致事实上他们造成学生对于学习与用心的厌恶，而还自以为在训练学生的心智。

真的训练是积极的。它是控制手段，是为达到目的而证明结果的一种力量。一个画家在艺术上有训练，便能够运用和控制他的艺术中的一切元素，包括外部的颜料、纸和笔，内心的意境和想象。这种力量的获得固然必需反复地练习；但这不是无意义的练习，而是艺术的熟练；不只是反复，而是达到结果的过程。所谓训练，是结果，是成功，不是外界的压迫。一切真教育都要以这种训练为结果，而它的过程却在于使儿童从事于本身有目的的活动。

这事实使我们看出另一派自由概念的错误。同于熟练能力的训练，也就同于自由，因为自由正是超于外部统治自己行动的力量。它不仅不受外界阻挠，还要有行动的独立的熟练。如其把自由和自发的活动当作任意冲动的表现，教育的事，便只要供给刺激好了；一切有趣味的材料、工具和活动都好，只需不妨碍自由的表现。这种方法把获得真自由的条件又忽视了。

自由的概念

冲动的直接表现是思维的致命伤，反省的思维要冲动的抑制和自省。说要用机械的作业来给予思维上的困难，那诚然是错误的。有相当的深和广的自然活动，自身进程中必遇到困难；不自然的困难是不必要的。可是教育也的确要爱护（而不要减少）这种经验发展中的困难，以刺激学生的思考。自由不在于外部活动的不受阻挠，而在于从反省中克服困难而获得。

自由从克服困难而生

在儿童发展顺序上，每一时期都有好奇推论试证的倾向。忽略了这一点的方法，虽然着重心理的发展，

思维需要在儿童早期的自然发展

也得不到发展。在自然发展中，活动的前一步无意地已预备了后一步的表现的情境，像植物生长的阶段一样。我们没有理由可以假定思维是一种特殊的孤立的自然能力，只有达到某一时期才蓬勃苗长出来。（徒因为感觉和肌肉动作较先表现，而观察、记忆、想象等较早运用，人们便假定思维是较后的发展。）要预备思维后来较高的形态，则在运用感觉肌肉以为观察动作的引导时，思维便应该常常运用。

现在的流行观念是：儿童期是几乎没有反省的，只是感觉、肌肉、记忆的发展时期，一到青年期，思维便突然地出现了。

然而青年期并不是神秘。固然它带来了思想范围的放大，对较大问题的认识，对于自然和社会的较综括的看法，这种发展引起较广、较抽象思维的机会。但思维自身其实在任何时期都是一样，是一个从事实的暗示而达到结论的过程。在婴儿失却他的皮球，开始有皮球的复得的先见，开始计划步骤、探查和实验，以求达到他目的的时候，思维便开始了。只有充分利用儿童期经验中的思维因素，才能保证青年期较高的思维能力的出现。

心智习惯的必然养成不管好或坏

在儿童期，积极的思维习惯，无论怎样，总是会养成的；如其不是缜密观察事物的习惯，便是轻率和浮躁的习惯；如其不是观念连贯的习惯，便是散漫与断续的习惯；如其不是探查了充分证据、审慎判断的习惯，便是一任情绪的好恶、情境的偶然而轻信轻疑的习惯。要具有缜密、透彻、连贯（论理性的元素）的特质，便要从头培养起，从早就利用这些特质，并且注意到利用这些特质的情境。

真自由是理智的，它根于思想熟练了的能力，根于审观事物、辨别证据的能力。如果一个人的行动不受慎思明辨的结论的指导，必受情绪的冲动、偶然的情境的指导。然则奖许没有阻挠，不需思考的外部活动的自由，任由儿童受制于情绪、感觉和情境，便无异增加他的束缚了。

真自由是理智的

第六讲　推论与试证

在前数讲里，我们已大概说明反省的思维的性质。我们已指出为什么必须用教育的方法以谋它的发展的理由；并述及这种教育方法所凭借的儿童固有知能以及它的困难与训练的最后目的，即训练成功的论理的思维能力的养成。现在，我从学生课卷中选取几个实在的思维的例子。

一　反省的思维举例

我们已经一再注意到：刺激和引导反省的思维的外部和内部的情境，与自然和社会的情境相关的实际需要，都是刺激和引导思维的。现在先举这类的一个例。我们也说过好奇是儿童内在的一个强烈的动机，以下第二例属于这类。最后，已经熟悉科学问题的心智也会由理智的问题而引起思考，第三例即属于此类。

　　一天，在纽约，我走到第16街，偶然看到一个钟，钟针正指着十二点二十分。这暗示我在一点钟的时候，在第124街还有一个约会。我计算，来的时候乘地面电车费了一个钟头，现在仍搭地面电车回去，那么那约会必定迟到二十分钟了。假使乘地道快车，我可以省二十分钟。但是车站是不是相近呢？如其不近，我还要去寻找，那倒反要费去不止二十分钟。于是又想到乘高架电车，并且看见在距离两连房屋之内有一条高架电车轨。但它的车站又在哪里呢？如其车站离此还有几间房屋的相隔，那我不但不能省时，又要多费时了。我又想到地道快车到底比高架电车快，而且我记得它在第124街的车站离我的目的地也较近，下车后较省时。我决定乘地道快车，终于在一点钟到达了我的目的地。

实际需要的例

　　我每天乘渡船过河的时候，看见从上层甲板伸出一根白色的长杆，和甲板几乎相平。杆顶还有一金色的球，看上去像是一根旗杆，它的颜色、形状和金顶都可证明这一信念。但不久疑难发生了，这杆是横的，和甲板相平的，不是旗杆应有的位置；而且也没有可以悬旗的绳和环；最后，船上明明另有两直杆，却看不见升旗。这又证明它不是旗杆了。

从观察而起的例

　　我想象着这长杆的各种可能的用处：（1）是装饰品吧，但一切渡船以至拖船都有它，这一说不能接受；（2）是无线电杆吧，那么上说也使其不可能，并且如其是无线电杆，应该安置在驾驶室之上，不应放在现在的位置；（3）是用以指航行的方向的吧。

　　为证明这结论，我发现这杆比驾驶室低，所以驾驶员容易看得见，而且杆的金顶比杆底更高，从驾驶员的位置看去，一定远伸出于船的前面。驾驶员在船的前面，也应该需要这样指示方向的一件东西，拖船也一样需要。这一说比其他都合理，所以我接受了。我的结论是：这白色的长杆是用来指示方向，而使驾驶员转舵准确的。

包含实验的例　　用热的肥皂水洗玻璃杯，洗好，把杯口向下放在盘上，我注意到杯口外有水泡，而水泡还自外而内进入杯口里。为什么？水泡的出现暗示着空气，这空气必从杯内出来。盘上的肥皂水阻止空气的流通，除非这空气是在水泡内的。但为什么空气从杯内出来呢？并没有什么物体进去迫着空气外流。那么，必是空气胀了。空气的胀是由于热，由于压力增加，或两者都有。难道玻璃杯从热肥皂水里拿出来以后，空气热了吗？显然，这不是指已在水泡里的空气。倘使热空气是原因，玻璃杯从肥皂水里放到盘上的时候，一定有冷空气进去了。我要试试这一说对不对，于是再多拿几个玻璃杯出来。有几个，我把它们摇动，使有冷空气入内；有几个，我拿出来的时候把杯口向下，阻止冷空气进去。结果前者每一个杯口外都有水泡，后者一个都没有。我的推论是对的了，外面进去的空气，一定因为杯子的热而膨胀，这可以说明杯口外为什么出现水泡了。

但水泡为什么又自外而内到杯口里去呢？空气遇冷则缩，杯子冷，里面的空气也随着冷空气缩了，所以水泡向里面去。为证明这一点，我于水泡还在杯口外出现的时候，把一块冰放在杯上，水泡便立刻向里去了。

我故意选这三个例子，以示从简单到复杂的思维的一个系列。第一例代表实际需要中的思维，其中事实和应付事实的方法都不出日常经验之外。第三例代表发现问题和解决的方法，都非先有一些科学训练的人不会想到。第二例介于两者之间，它的材料虽然仍在日常经验范围以内，而它的问题却与个人实际事务并不直接相关，只是间接地和偶发事项相关，起于一种理论的、不涉利害的兴趣。

在下一讲，我们将给予这三例所共同的一个分析的说明。本讲以下，我们第一要说一说占着智慧的行动的

三例成一系列

核心的"推论"（inference）作用的性质。第二要指出一切思维的目的，在于将一个疑难的情境转变为一个确定的情境。

二 推论从已知到未知

没有无推论的思维

在任何反省的思维里，人总是遇着一个已有的情境，从而推想到一件未有的事情。根据已有而获得未有的观念的一个过程，谓之推论。在第一例里，我们从已有的地点和时间，推想到为守约而赶行的方法，这守约是一件将来且未定的事情。在第二例里，我们从观察和记忆的事实，推想到一根长杆的用处。在第三例里，我们从水泡的出现和物理学的事实和原则的知识，推想到一个现象未知的原因。

推论含着一个飞跃

因为推论是从观察和记忆所得的事实出发，而达到另外一种事实，所以它是从已知到未知的一个飞跃。推论从观察记忆所引起的暗示而发生。一个人得到什么暗示，第一，看他的经验是怎样，而这又看那个时代的文化情形如何，例如我们极寻常的暗示，野蛮人想象不到。第二，暗示也看个人的欲望、兴趣、情绪是怎样。暗示的必然发生，它活泼的力量以及我们只要没有矛盾

便会接受它的倾向，这些都指明，作为可信推论根据的
暗示，怎样有控制的必要。

　　先于信念而引到信念的推论的控制，谓之证明。而　　证明即实验
证明的主要方式是实验。常语说，例外证明原则，那
就是说，例外的事实是这样极端，使得原则的普遍适用
性遭着极严厉的实验。如果这原则经得起实验，那它就
不必再被怀疑。没有经过实验的原则是夸诞，是胡想。
遭遇过实验而胜利的，得到了它的证书，它是可以接受
的，因为是可证明白的。它的价值是明显地表证过了。
推论也是这样。推论有很大的功用，但这并不保证它的
必然正确。任何推论都会误入歧途的，引它误入歧途的
势力是常在的。所以，要紧的是每个推论必须是实验过
的推论（如其不可能），我们必须辨别信念有没有实验
过的证据，而选择我们的信念。

　　以上所举三例中，都有转化松懈的思想为反省的思　　两种实验
维的实验作用在内。仔细检查，便知这实验又有两种。
一种是把臆说放到思想中来实验，看一看这臆说的各元
素是否互相配合融和。一种是把臆说放在行动中来实
验，看一看思想中预测的结果能否成为事实。

　　上举第一例中，推想的结论是乘地道快车去准时赴
约。这结论因那人的行动而实验证明。

第二例中，行动的实验便只是一种想象的行动了。那人想象自己处于驾驶员的地位，而用那长杆指示方向。臆说的各部分的配合融和在这里非常显现。把长杆当作旗杆，当作装饰，当作无线电杆的臆说，因为与所观察的事实的若干元素不能配合，所以被放弃了。至于用来指示船行的方向的结论，则和下列的元素恰相配合：（1）驾驶员的需要；（2）杆的高度；（3）杆底和杆顶的比例的地位。

第三例中，两种实验都用了。得到结论以后，不但以想象而且是以行动来证明的。把一块冰放在玻璃杯上而看水泡的动作，以不同的方法把玻璃杯从水中拿出来，这些都是行动。想到空气遇热则胀，而观察所得现象与这原则符合不符合，这是思想上配合的实验。并用二法，显然比单用一法的实验更准确。可是二法并非不同类的。思想配合的实验也就包含了想象的行轨，在另一法里不过更把想象的行动具体表现出来罢了。

真正的推论，第一是向着暗示的结论的一种飞跃；第二是暗示和实际情境符合与否的实验。思维的起源是行动中迫切的需要，它的价值决定于它在行动上所得的结果。到了理智的好奇发展以后，思维和行动的关系才变成间接的、偶然的，然而在想象中，这关系还是持续着的。

三　思维从疑难的情境趋向于确定的情境

　　我们检查前举各例，便知思维在任何一例中都起于　　**思维从直接经**
直接经验的情境。人们不会无故思维，思维不会凭空而　　**验的情境而起**
起。第一例中，那学生在市街上忙着，而想到了另一约
会的事情。第二例中，那个人搭着渡船，而引起了对于
船构造的好奇。第三例中，一个有些科学训练的学生忙
于他玻璃杯的洗濯。在每一例里，实际经验的情境的性
质刺激思维而引起了反省。

　　这些例子并非特异的，找遍了你的经验，你找不到
一个思维凭空发生的例子。有时，思想的纷繁的连续
使你离开出发点十分遥远，以致不易回溯到那出发点，
但细细根究起来，总是有一直接经验的情境在背后，是
你所施的，所受的，所享的，所忍的，而绝不单是所想
的。思维即为此情境而起。它不仅由此而发生，也以此
为归宿。它的目的与结果，是被它所从出发的情境决定
了的。

　　在学校里，思维训练的失败的最大原因，即在于不
像学校以外的实际生活，没有可以引起思维的经验的

情境。教师看到学生做小数乘法，数目是乘得对的，但小数点放错了，价值便全错了。320.16、32.016与3201.6，这三个答数在价值上有极大的差异。教师看到这样的答数，每为所苦，殊不知这正显出他一向只教学生算，而不教学生想。如其学生会运用思想，何至于有这样价值的乱计呢？现在改变一种方法，他遣学生到木行里购买手工实习所需的木料，而预先和商人约好要让学生计算货价。计算的方法还不是和教科书里的方法一样？可是这番小数点便不会放错了。情境迫着他去想，控制着他价值的观念。教科书的问题和实际购买的问题一比，可以显示引起思维的情境有怎样的必要了。

思维趋向于确定的情境

我们检查前举各例，也知道其中每一情境都是不安定的、疑难的，它给予我们一个未解决的困难、未确定的问案。其中思维的功能即在于求得一个新情境，把困难解决，问案答明。一到情境安定了，明白了，有秩序了，思维也就结束。要等到再一困难情境发生时，才用得着思维了。

所以，反省的思维的功能在于将疑难的、矛盾的、不安的情境，转化而为明白的、配合融和的、安定的情境。

一个命题里表述的结论并不是最后的结论，而是获得结论的钥匙。例如"到达第124街的最快方法是乘地道快车"，只是得到最后结论——准时赴约的钥匙而已。思维所要达到的是一个确定的、满足的情境。这在其他二例里也是一样。形式论理的一大缺点，即在它以命题始，以命题终；至于命题所指的两个实际情境，一个是疑难，一个是求得的结果，它却绝不提到。

要决定有没有真正的推论，最好的方法便是问：它的结果能不能把确定的、有秩序的情境，代替原来的、疑难的、纷乱的情境。部分的和无效的思维只有形式上正确的结论，而在直接经验上不发生什么影响；有效的思维则使人所感觉到的世界发生一点差别。因为人们对这世界里的一部分事物获得了清楚的了解，且对它们有秩序地进行安排。真正的思维，归结于新价值的认识。

第七讲　反省思维的分析

一　事实与观念

　　置身于一个疑难的情境的人，可以采取几种不同的办法。一种是躲避它，放弃引起这种疑难的活动，而另外去应付别的事。一种是沉溺于幻想，只想象自己有钱、有势、有力量能够去解决它。再不然，他便得严肃地应付这情境，如其这样，他便得开始反省了。

反省包含观察　　反省一开始，他便也必然地开始观察，而把情境做一番检查。这种观察有时是直接运用感觉的，有时也要回忆自己或他人以前的观察。在上讲所举的例中，那个要准时赴约的人，看到他自己现在的情形，也回忆到他一点钟赴约的地点，以及自己所熟知的交通方式、车站位置。这样，他对于所须应付的情境的性质就会得到一个很清楚的认识。情境中有阻力也有助力。不管是由直接感觉或由记忆得来，这情境是"案中的事实"。一切事实是顽强的，它们在那里，就必得要我们去对付。我们不能因为事实是不愉快的，便想用什么幻术去避免它们，也无法希求它们的不存在或不这样。我们是只有如实应付它们的。所以，为预防重要事实的忽略或误解，观察和回忆是必须充分运用的。在思维习惯没有养成以前，观察情境并发现事实是一桩费力的事情，因为人的心智不喜欢不愉快的事实，而对于特殊烦恼的事实，尤其有惯于避免它们的倾向。

随着情境中事实的观察，可能的行动的暗示也就起来了。前例中，那人想到了地面电车、高架电车和地道快车。这些暗示交相竞争，他以比较来制定最好的方法。这比较是间接进行的。他先想到一种可能的解决方法，而犹豫未下判断时，他仍旧回到原来的事实。可是既有了一个新观点，这就引导到新的观察和回忆，引导到已有观察的再审查和试证。除非他能够这样，他才会接受任何暗示，而不会审慎判断。那他也就不能算有真正的反省的思维了。新观察所得的事实是可以（在复杂的情境中是必然）引起新的暗示的，而新的暗示又是事实的再审查的线索，这种审查的结果证明和校正了所提的推论，或者暗示出新的推论。观察的事实、暗示的解

反省包含暗示

答，此二者的交互作用继续进行，直到一个解答能满足一切条件，而不与任何事实相抵触。

观察的事实，术语谓之"材料"（data）。暗示的解答，谓之"观念"（ideas）。二者是反省的思维中两个相关的不可缺的因素。前者的获得靠"观察"（observation，包括以前观察的回忆），后者的构成靠"推论"。推论超越了观察的事实，它从现实的进行到可能的。它的进行是预测、设计、推断、想象一类的作用。凡我们所谓先见、预言、计划、探究等的特质，都是从现实的进行到可能的。因此推论所得的结论需要两重的试证：（1）观念（暗示的解答）的构成，常需与观察的现实情境相核对；（2）已成的观念，需在行动中（或想象的行动中）去证明它的正误。

现在举一个简单的事例来说明。譬如你走到一个没有道路的地方，如其一路平坦，没有阻碍，你什么都用不着想，你已有的习惯够应付的了。你忽然在前面遇着一条小的水沟，你想要跳过去（设计），但为安全考虑，你仔细看一看（观察），知道沟不是很狭，而对岸又是泥泞的（事实）。于是你想，有没有较狭窄的所在呢（观念），再往复一看（观察），想寻这较狭窄的所在（以观察证明观念）。没有，你只得另作新计划了。

正在徘徊的时候，你发现了一根木头（又是事实）。你想可不可以把它架在沟上，用为一种桥梁而渡过去（又是观念）。你判断这是值得试一试的。终于从木头上走过去了（以行动证明观念）。

情境如更复杂，思维自然也更缜密。在另一情境中，你可以想到做一个木筏，搭一座浮桥或造一只渡船，这些观念最后也是要以行动的事实来校正。不论所遇到的是简单或复杂的情境，是实际行动的困难还是理智问题的困难，思维总有两方面：一是所要应付或解释的情境；二是所要应付或解释的观念。

例如日月食的推测中，一方面有关于地球、太阳、月球的位置和运行的许多观察的事实；一方面有用以预测和解释的许多复杂的数理的观念。同样，在一个哲学问题中，一方面有关于科学、道德和艺术，或以往思想家所供给的许多材料，这些事实或材料尽管遥远而不能用感觉来直接观察，可是依然是理论所资以核对的事实；一方面也就有理论的推测，这种推测引导到更多材料的寻求以发展观念的内含，以证明它们的价值。事实而不能暗示观念，证明观念，则事实是死的。观念而不能指导对于实际情形的观察和回忆，则观念是空的，只是幻想、梦想而已。观念是必须与实际材料相核对的。

许多空幻的观念，在诗歌、小说、戏剧里很有价值，却不是知识的资源。不过不切实在的观念只要蕴蓄着而能够应用于将来发生的事实上，那么也是有理智的价值的。

二　反省的思维的形态

我们现在可以分析反省的思维的全程了。在前讲里，我们已说过任何思维的两端是疑难的情境和确定的情境。前者可以称为反省前的情境，它设定所要解答的问题；后者可以称为反省后的情境，它包含一种满足愉快的经验上的结果。思维就是在这两端之间进行着的。

五个形态　　在这两端之间，思维有以下五个形态：（1）"暗示"，在这里，思维跃进于一种可能的解决；（2）"问题"（problem），将直接经验的、感觉的困难理智化了，而成为一个待解决的问题；（3）"臆说"（hypothesis），用一个一个的暗示，作为观念或臆说，以发起和引导观察及其他寻求材料的心智作用；（4）"推理"（reasoning，这是狭义的推论，不指inference的全部），推演臆说中应有的含义；（5）"试证"（testing），在外表的或想象的行动中，实验臆说，求得证明。

我们把这五个形态，逐一说明。

人的自然倾向是一往直前去做他的事。疑难的情第一形态　暗
示
境，暂时阻止了这直接行动的倾向，而这倾向依然持续
着，不过转变成为一种暗示的形态罢了。在困难中间得
到的怎样办的暗示是直接行动的替代，这是一种想象
的、预拟的行动。如其只有一个暗示发生，我们无疑立
刻接受它。但有了两个或两个以上，它们便互争互掣，
使我们难于决断，而不得不做进一步的审查。在前举的
简单的事例中，第一个暗示便是跳过那水沟，但观察一
下现实的情境，便抑制了这暗示，而转入别的暗示了。

直接行动的抑制必然造成犹豫停顿的情形，这是思
维所不可少的。思维仿佛是行为转而内向，转而检查它
自己的目的和情境、助力和阻力。

把思维看作起于现成制就的问题或凭空发生的问第二形态　问
题
题，是不真切的。这样的"问题"，在教育上只是指定
的功课的别名而已。在事实上，没有一个情境会带着问
题同时出现，更没有一个问题会脱离了它的情境。在一
个情境中，困难到底在哪里，起初是茫然的，困难笼罩
了全部的情境。如其我们确知困难的所在，思维的工作
便容易得多了。常言道：题目出得好，一半解答了。我
们只有在想到一个可能的解答时，才确定这个问题是什

么。原来，问题和解答完全出现于同时。在这以前，我们对于问题的把握多少还是空泛而不确定的。

　　一个暗示试不通，我们得再检查当前的情境。我们的烦闷不安根据观察的情境，才渐渐归属到一个确定的问题。那水沟不是困难，而水沟的广、对岸的泥泞才是困难的所在。这样，困难的所在找出了，确定了，就不只是一个空泛的烦闷，而理智化了，成为一个真的问题了。那个要准时赴约的人在行动上发生了困难，第一个暗示便是怎样很快地跑回第124街去，可是要达这目的，又需找出交通的方式。他得观察现在的位置、车站的远近、现在的时间以及车速的快慢。这样，困难的所在找出了，问题也就解决了。

　　在这些实际思维的例子中，用"问题"一个名词，好像过于隆重了一点。但在任何反省的思维中，都有将全情境里情绪的成分理智化（intellectualizing）的一种作用。这是将情境里真的困难找出而使它局部化的一种作用。

第三形态　臆说

　　第一个暗示是自然发生的。这种观念的发生并没有直接的控制，也不含什么理智的成分。理智的成分在于它发生以后怎么用，它控制的用法是因前述的形态而可能的。我们能确定困难的性质到什么程度，便比照着这程度而有可靠的暗示。事实确定着问题，问题的理解校正、改变或扩张着原来的暗示。这样，暗示才成为确定的假设，术语便谓之臆说了。

医生诊察一个病人，工人检视一个不灵的机器，都有一个困难的所在。不先查出这困难的所在，没有办法提出救治的方法。一个没有训练的人会乱猜、胡想（暗示）、妄动起来，希冀这样会碰巧成功。以前用过的药，或者是邻居介绍过的药，都拿来试一试；机器这里敲一敲，那里拨一拨，以为就可以有使它运转的巧合。但有训练的人绝不这样办，他第一要非常仔细地观察，运用医生、工人所习用的技术，以发现困难的所在。

怎样解决的观念是受诊断支配的。如其困难极其简单地解决，医生和工人也不会接受所得的暗示的解决而不再思想。他们进行工作是试探的，而不是决定的态度。他们把暗示作为一个适用的臆说，跟着它再去观察，再寻事实，以证明臆说的符合与否。如果这病是伤寒，那么应该有某种的症状，事实上有无这种症状呢？这样问题和臆说都有了控制：问题更加确定，而臆说也不只是可能，还更加有试证过的盖然性了。

观察所涉的是自然界存在的东西。观察所得的事实支配臆说的构成，也证明臆说的价值。臆说（观念）

第四形态 推理

呢，起于我们的心智，它们不像事实存在在那里就完了，而可以有很大的发展和推演的。有经验、有知识的心智可以把一个观念推演、扩张，使得它的结果和最初的观念完全两样。

例如前讲所举的第三例中，热的观念与它的膨胀力连了起来，这和冷的缩力又连了起来，终于把胀的观念作为一个臆说，这是仅有热的观念所无补的。热是从观察直接所得的暗示，洗玻璃杯的水是热的，然而只有有了热的知识的人，才能推想到热的膨胀，而把胀的观念作为一个适用的臆说。在更复杂的思维中，推理的连续更长久，一个观念引到另一个已证明的观念更广泛。观念连续推演的范围，决定于人所已有的知识；而知识的限域又决定于人所已得的经验与教育，而且视乎时代和社会的文化的程度。推理帮助我们扩充我们的知识，同时也依靠着我们已有的知识和传达知识的便利。

今日的医生靠着已有的医药科学的知识，能够把病象所暗示的病症，推断到一种可靠的程度，不是三十年前的医生所能做到的；就是他对于病象的观察也靠着诊断器械和技术的进步，能够达到比三十年前医生的观察更可靠的程度。

推理对于暗示的作用，和观察对于原来的困难的作用一样。仔细一思考，第一个暗示便不能接受。起初像是合理的推测，等到对它的结果仔细分析了，便被认为不合理。我们推演一个假设的含义，即使不一定使这假设全遭拒绝，但已把它推演到更适用于解答问题的一个形式了。例如前讲所举第二例中，那长杆是用以指示航行方向的一个假设，是推演了含义而后才适用于当前的问题的。我们在思维中，最初看像是遥远而离奇的暗示，常是这样经过推演而转变得合适有效。观念在推理中所得的发展，能把初看是矛盾的元素连贯起来，而成为一个调和的整体。

数学是推理的典型。在数学里，我们可不靠感觉的观察而得到观念的联合。在几何学里，我们从线、角、平行线、平面等几个概念以及确定它们的性质的几个原则出发，知道了两条平行线和一条直线相交的时候，所构成的角度相等；知道了一条垂直线和一条直线所构成的是两直角。把这些观念联合起来，便可以推定一个三角形的三内角之和是等于两个直角。再继续把已证明的定理含义推演出来，平面图形的全部问题便解答了。在代数学里，运用代数的符号而建立许多方程式和算法，更是联合观念而推理成功的著名的例子。

科学的观察和实验所指示的臆说，一经用数学的形式表述出来，便可以转化为任何形式而帮助我们迅速有效地解答问题了。自然科学的成就大部分就靠着观念数学的推演。科学的知识并不单靠测量，而靠着那种可以用推理来发展的数学的表述。许多教育测量，仅凭数量的形式而要求有科学的价值，所以是难于成立的。

第五形态　试证

最后的一个形态，是将臆说的观念在行动中求得"实验的证明"（experimental verification）。推理的结果是：倘使这观念接受了，一定有若干效果的发生。臆说只是假定的结论。如果我们看到这臆说所要求的情境都已具有，而相反的臆说所要求的又都没有，那么接受这观念的倾向便不可遏制了。有时如船上长杆的例子，直接的观察便可以供给证明。有时如玻璃杯水泡的例子，必须通过实验证明。所谓实验，是按照臆说的要求，有意布置着情境，来观察理论推演的结果是否发生。如其实验的结果和理论推演的结果相符，则可以相信这种结果是产生于这情境的；非有相反的事实的发生，这证明已很充分，而臆说可以作为结论了。

当然，证明不常这样容易得到。有时实验的结果不能证明，反而否定了原来的臆说。可是在有了思维习惯的人看来，这种失败不只是失败，而是教训。善于思想者，在失败上的心得和成功上的一样，因为失败指示他应该还有何种的观察，他的臆说应该还有何种的修正。
这失败显现出新的问题来，或把旧问题更确定了。没有
什么比失败的利用是更有益于有训练的思想者。在不惯
于思维的人所感觉烦恼和沮丧的，所引入无目的的试探
的，在有训练的思想者眼中，倒是一种刺激和指导。

以上五个形态或阶段并不依固定的次序而出现。在
实际思维里，每一阶段都有助于暗示的完成，而使它可
以作为一个指导的臆说；都有助于问题的确定，而使它
更明确困难的所在。观念的修正又引导到新的观察，以
发生新的事实，而估量旧的事实。臆说的推演有时也并
不待问题的确定，而任何时候都会进行。至于最后的试
证又并不是最后，而要看结果如何，它可以引起新的观
察和新的暗示。

五个阶段的顺
序不是固定的

实际行动的试证和科学的实验有一个重要的分别，
就是前者的采取比后者要严重。因为科学实验为的是要
寻求知识，为的是要证明理论；而实际行动所要求的结
果则超于知识以外。思维的价值之一，即在于能延缓不
可挽救的行动的采取。所以在道德和其他实际生活上，
有思想的人总是把自己的行动尽量地当作是试探；换句
话说，他虽然无法避免这行动的结果，却十分注意这种
结果的教训是什么，这种结果对于自己行为以及实际影

响是怎样。他把自己行为的结果看成一个问题，而要探求它的原因，尤其是关于自己习惯和欲望上的原因。

总结起来，我们可以说这五个阶段，在轮廓上，代表反省的思维中不可缺的特质；在实际上，有时两段可以凑合起来，有时几段可以匆匆掠过，而使求得结论的担负落在一个阶段上，使得这一段有看似不匀称的发展。在这上头，没有固定的规则。怎样安排，全看思想者个人的理智的机巧和灵敏。不过，如有错误的，最好是把自己所用的方法检查一下，而找出错误的由来。

每个形态是可以扩充的

在复杂的思维中，有几个阶段会扩展成若干分段。把这些分段当作分段，或当作另加的段落，那仅是一个形式上的问题。"五"的数目，原来也没有什么神圣。例如在实际思维中，目的在于决定行动，则于思考行动的方法以外，最好还要先思考行动背后的动机。这段思考是当作一个单独问题而自成一阶段的呢，还是当作原来的问题的一个附加段落呢，那实在是随便，怎么说都可以。

参照将来和参照过去

另外，反省的思维包含一种对于将来的展望和预测，这也可以列为第六个形态。事实上，任何理智的观念是预测可能的将来的经验的，而最后的解答是确定将来的行动的趋向的。观念是前步工作的记录，也是后步行动的指定。它帮助持续的思维的进行。例如一个医生检验了一种病症以后，常有关于这病症的将来发展的一种预测。他的治疗固然证明（或否定）他的臆说，而治疗的结果又影响他将来的诊断治疗。有时，这将来的参照，这样重要，使它有了特殊的繁衍，而成为思维里一个独立的形态。例如有些日食的观测，是为爱因斯坦的理论求得证明，而这理论的自身，这样重要，使它特殊地占据了科学家的思考。

对于过去的参照，在反省的思维里，也一样重要。当然暗示不能凭空而来，而起于思想者的过去经验。虽然我们有时得了暗示，即不再回溯它的由来；但有时却会仔细检视过去的经验，而使它成了试证的过程的一部分。

例如一个人要投资于地产，他会想到以前这种投资的失败，他会把前次经验和这次经验一点一点地比较，而观其异同。对于过去的检查，在思维中可成为决定的因素，而它的最大的价值是显示于得出结论的时候。在第五讲里，我们说过"结论不能一蹴而就。到了每一驿站，最好把以前的经过复核一番，看一看和要达到的目标有多少关系，有怎样的关系。这样前提和结论，在彼此确定的关系上，同时制定"。组织知识的能力，大部分就在于以一个新的根据（即所要达到的结论）来检查过去的事实和观念，而把它们彼此联系起来。这作用原包括在上述"试证"的一个形态里，但因其影响学者的态度很大，也可以当作一个独立的形态。

第八讲　判断在思维中的地位

一　判断的三个因素

我们以上讨论的是反省的思维的全部过程。在这过程中，还有附属的各单位，思维的效能也视这种单位的质量如何。

从一个观点上看，思维的作用包括彼此互相联络而引导到一个最后判断（即结论）的一系列的判断。虽然这样，我们以前把反省的思维当作一个整体。因为判断并不单独发生，而是和困难的解决、问题的解答相连的判断，只是反省的思维的单位而已。解答问题的目的决定所要做的判断是哪一种。如我忽然说，22.5米的地毯可以盖满某种大小的地板，这原是正确的事实说明，可是如果和当前的问题没有关系，那便是一个无意义的判断。判断不仅要正确，而且要适当。判断固然要决定事

判断构成思维的单位

实和观念是否可靠，尤其要选择和估量它们，看它们和问题有无相关。富于判断力的人会估量价值，而估量得精确适当。

所以，良好的思想习惯的中心在于适当的、精准的判断能力。我们有时遇到一种人，他们所受的学校教育无多，而他们所做的实际事务却很好。遇到困难，他们所出的主意常为人们所信赖。这种就是富于判断能力的人。不管他们的学校教育程度是怎样，在某些事务上能够下适当的判断，便是在那些事务上受过教育的人了。如果我们的学校能使学生在某些事务上有适于审量判断的态度，便比单给予知识和训练技能有成就多了。

判断的因素　　判断的特质，可从原来法律上用这名词的意义，而分为三点，法律上所谓裁判包含：（1）争执，两边对于同一情境有相反的要求；（2）推勘，确定这种要求的性质，而鉴别其所根据的事实；（3）决定，终结现在的争执，且供给以后同样案件的先例。

判断起于怀疑和争执　　除非有所怀疑，我们对于情境应付裕如，只有知觉认识，而没有判断。如其情境是全部疑难暧昧，那也只会有神秘，而没有判断。但倘使情境暗示不同的意义，

各种可能的解释，那便有争执之点了。于是怀疑成了争
议的形式，各个方面各要求一个有利于己的结论。在法
庭上，争议的处理是峻洁而严明的；在理智上，疑难情
境的应付实在也应该是这样。我们远远地看到一个模糊
的动的影子，便问："那是什么？是一阵沙尘吗？是一
棵随风摇晃的树吗？是一个人在招呼我吗？"全部情境
中，以上每一可能的意义都有一些暗示。或许只有一个
意义是正确的，也许没有一个是适当的，可是那影子一
定有一个意义的。哪一个暗示的意义有合理的要求呢？
那知觉的对象怎样解释、估量、安放呢？判断就从这种
情境而起的。

争议的评断分为两部分，在各案中，这两部分的轻
重各不同。在法律上，这两部分是证据的比量和适用
原则的选择，是一案中的"事实"和"条文"。在我们
寻常的判断上，这两部分是：（1）重要事实的确定；
（2）事实所暗示的意义的推演。（试和前讲第四形态
相比较）这两个问题是：（1）情境中有关于解释的构
成的是哪些部分？（2）用来作为解释的观念，有什么
充分的意义？这两个问题是密切相关的，每一个答案
依靠着另一个的答案。我们只为说明的便利，才把它

判断从选择事
实和原则而确
定争执

们分开来。

（一）选择事实

在任何实际事情中，有许多事实是与问题无关的。经验中的各个部分虽同时存在，而不是同样有可以作为证据的价值，也没有哪一部分上挂着标志说"这是重要的"或"这是无关的"，而且强烈、活泼或明显也并不是它的价值的可靠的尺度。最昭彰的事实，也许与问题全然无关；最隐晦的部分，可以为了解全问题的秘论。可是不相关的事实偏逼着我们注意，而顶重要的部分又不暴露在表面。所以，就是关于感觉所接的情境也要有判断，淘汰、选存、发现是不可少的。在最后结论未定以前，事实的去取是临时的。我们暂时选存我们希望有意义的事实；但倘使这些事实并不能够暗示有关的意义，我们得重组事实。因为所谓相关的事实，必须是可以作为达到结论的证据的。

事实的选汰去取，没有呆板的规则，全凭所谓判断的能力了。有好的判断能力，便会在疑难的情境中看出它各部分的比较的价值，分别去取，去其无关的，取其可以作为结论的证据的。这种能力，在日常事务中，称为机智、聪明；在重要事务中，称为领悟理解。这种能力一部分是先天的，但一部分也靠过去对于同类情境的熟谙。有了这种能力，在一项事务上，便是专家或技术家的表征了。

在下引的事例中，穆勒指示，这审量情境中的重要因素的能力，可以发展到怎样机微准确的程度。

苏格尔一位厂商，以重价雇用一个英格兰有名的染色熟练工人，要他教别的工人以同样的技巧。这老练的工人到了，但他的秘诀在于配合染料的分量，而他的方法是用手撮而不用秤量。那厂商设法叫他改手法为相等的秤法，庶几他的配合方法可以确定下来。这他可不会做，因此他的技巧也就无法教。原来在他的经验里，颜色的调和与染料多少的触觉，已经构成一种联络，从触觉他便能估量某种色彩要用多少染料。

对于情境，有过长时的考虑，浓厚的兴趣和熟谙的经验，就产生了这种所谓"直觉的"（intuitive）判断。但这是真的判断，因为它是根据于以问题的解答为目的的选择和估量的。这种能力的有无是艺术者和理智的拙工的分别。

这是判断能力最完全的形式。但无论怎样，里面还是含有情境的探索，结论的犹豫，重要事实的选取，不相关事实的汰除或减轻地位等。机智、灵活、好奇是成功的要素；独断、固执、偏见是必归失败的。

（二）选择原则

事实的选择，当然是为了控制暗示的意义（用以解释事实的意义）的发展和推演。所以，意义的推演与事实的确定是同时进行的。可能的意义一个一个呈现于前，就其和事实的关系来考虑，来推演到较细密的节目，然后决定取舍。在这中间，我们并不是以一个空洞的心来应付问题的，我们带着习惯的了解方法和从前经验中积累的许多意义。

习惯的行动一遭挫折，而抑制着不得适用的时候，可能的意义便呈现于心了。一个暗示的意义对不对，也没有呆板的规则，仍旧要凭判断的能力来决定。任何意义或原则上面不挂着一个标志说"用我"，像《爱丽丝漫游奇境记》里的魔饼上面印着"吃我"的字句那样。思想者要自己去抉择。因为抉择总含有错误的危险，所以缜密的思想者要十分慎重地抉择，而被选择的意义仍留待后来事实的证明。如果一个人没有这能力，不会估量可以解决迟难的意义，那么即便以勤劬的学问积聚了丰富的意义，也没有什么用处。因为学问不等于智能，而知识不保证判断的优良。记忆所供给的，好比是一个冷藏室，预为将来存储着可用的意义。遇到疑难，什么意义可用，那全靠判断了（至于并无疑难或危机，当然

也用不着裁决）。任何意义，不管抽象上怎样确定，在
其解释事实的功用上，最初至多只有候选的资格；非较
其他并立的意义，更能显微阐幽，决疑解困，没有当选
的资格。总之，思维是事实和观念的不断估量，非将事
实和解释事实的意义的价值估量过，判断过，思维的进
行是不可能的。

　　判断的终局是决定，是怀疑和争执的结束。这个决　　判断终于决定
定不但解决目前的问题，也确立了将来解决同类问题的
原则或方法，像法庭的判决，不但解决一个争讼，也构
成将来判决的先例一样。如其所决定的原则为后来事实
所不能否定，则以后遇到有类似而可以适用的案件，这
原则的援引便有了优先的机会。判断的原则就是这样逐
渐造成；某种解释的方法就是这样逐渐增加了权力。意
义这样标准化了而成为论理的概念。（参看第十讲。）

二　分析与综合

　　在判断之中，混淆的事实得以理清，杂乱的事实得
以连贯。这理清即是分析，这连贯即是综合。
　　事物和我们接触的时候，有若干说不清的印象。这
一物觉得是浑圆的，这一事觉得是粗鲁的，而这些印

象却融化消失于一整个情境里面。到了我们遇着另一情境而感觉疑难，才需要那原来情境的那一特质作为解释的工具，这才把那特质个别化而抽了出来。我们为要说明另一物的形状、另一事的性质，才将旧经验里的"浑圆""粗鲁"抽了出来，而成为显著的元素，倘使这元素能使新经验里混淆的理清了，疑难决定了，那么它的意义也就确定了。这点下讲还要讨论，这里只就它在分析综合问题上的关系而言。

理智的分析和物质的分析不同

即使人们说明白理智的分析和物质的分析不同，他们还是把理智的分析去比拟物质的分析，而当它是一种将整体拆成部分的作用。将整体拆成部分在心智上是怎样一回事，既然无人能说，这观念就使人把论理的分析当作一切性质关系的列举和表列。这一观念对教育方法的影响是很大的。学校中每一学科都经过——或仍滞留于——所谓"解剖"的阶段：那就是将一科知识的内容化成形式、性质、关系等等的区别，而给予每一区别的元素一个名词，便算完事。但在寻常经验之中，总是先要解除一个现实的困难，而后才注重到，而区别出它一个一个的特质。先要判断一个现实的情境，而后才有动机去分析其中特殊有意义的性质或关系的。

这种结果和过程的先后倒置，在小学里流行的方法上也一样明显。思维和发现中所用的方法，与思维和发现已有结果而归纳成功的方法，绝不相同。在思维中，主要的态度是寻求、假设和试探，思维已有结果，则寻求已终止了。所以希腊人常辩论："学问的探求，怎样有可能？如果我们已知道所要寻求的，我们用不着寻求；如果我们不知道所要寻求的，我们又不能寻求。"这矛盾正指出真正探求学问的方法，即寻求假设和实验的应用。得出结论之后，回想过程中的各步骤哪里是对的，哪里是不对的，从这回想而得到的方法对应付将来的问题是有益处的。组织思想的方法是这样产生出来的。

　　一般的假定，认为学生不是一开始就有意识地认明他所应该用的论理的方法，他便没有了方法，而思想必陷于混乱，这假定是谬误的。同样，认为他学习的时候带着方法的一种形式说明（如大纲、表解、公式之类），思想便得到了保障，这假定也是谬误的。事实上，论理的态度和习惯的逐渐的、非意识的发展是在最先的。只有在非意识的、试探的方法得到结果之后，才有意识地叙列论理的方法的可能。这种意识的叙列对以后同样材料的处理是有价值的。可是把它提早说明而过分注重，则反而阻碍学生分析自己经验的能力。使方法

有意的方法与
无意的论理的
态度

明显而确定的，是方法反复使用以后，便自然会有显著的说明。只因为教师们觉得自己了解的教材是区划而分裂的，才使学校里充满了儿童也应该从方法的系统入手的迷信。

分析既被当作整体的拆开，综合也被视为部分的拼合，这样想来，综合便神秘了。实则凡我们把握着事实对于结论，或原则对于事实的关系时，我们便有了综合。分析是选拔，综合是安放。分析把事实或性质选拔出来，使它有明显的意义；综合把所选放出来的安放在一个有意义的关系上。这样安放了，意义和意义联络了，便更增加了重要性。我们把汞提出来，而与铁、锡等联络，称为矿物，这些东西都得了新的理智上的意义了。每一判断，只要是分别与结论有关或无关的事实的，都是分析的；只要是把选择的事实安放在一个概括的情境里的，都是综合的。

教育方法上的分析与综合

凡自诩为严格的分析或综合的教育方法，都和正常的判断作用相背驰。例如地理教学法，所谓综合的方法，假定先教给儿童他所熟悉的一小部分的地面，依次及于毗连的地域（如县、国、洲等）直至全地球，或太阳系的整个观念。所谓分析的方法，则从自然的整体开始，从太阳系或地球，渐次及于它所构成的部分，而归到儿童自己直接的环境。以上基本的概念，是物质的整体和物质的部分。其实，我们不能假定儿童所习知的一小部分的地面，在理智上是一个确定的东西，而要他从这观念开始地理的学习。他对于这环境的知识不但不完全，而且是模糊的。理智的进步必包含环境的分析；选出其中有意义的部分，而使它们格外显著。同时，这小部分的环境也不是清楚地划了界限的。他对于这环境的经验，已和他对于日、月、星等的经验分不开；他一行动，地平线也随着改变。他有限的局部经验已包含着村、街以外更远的因素，已包含其与一较大的自然的整体的关系。不过这关系的了解是不充分的，他必须确定了局部环境的重要事实，才能明白其与较大的地理上的关系。等到较大的关系明白了，则局部环境里最普通的事实也就理解了。这样，分析引导到综合，而综合完善了分析。当学生愈了解大的复杂地理关系的时候，他也愈加确定了局部事实的意义。这种事实的选拔注重（分析）与它的整个关系的解释（综合），在正常的反省的思维中，总是密切互为影响的。所以把分析与综合看成对立的，实在是大愚。

做任何估量的时候，我们要抽出特殊的性质或形状，我们也要汇合而把所抽出的安放在整个关系上。估量土地价值的人，先要抽出或注重某方土地的货币价值，而也要把这价值安放在整个地方的土地价值上去量一量。同样的作用，在一切判断中都有。

第九讲　理解——观念与意义

一　观念是暗示和假设

我们看到一件动的东西，听到一种意外的声音，嗅到一种异常的气味，而问：这是什么？这所看、所听、所嗅的意义是什么？我们发现：那是一只跳动的松鼠，那是两个人的谈话，那是火药的爆炸，我们就说，我们理解了。所谓理解是意义的把握。在未理解之前，我们如有好奇心，我们必感觉疑难而要求探究。已理解之后，我们在理智上便比较安宁了。在探究之中，在某个时候，意义只是暗示，我们把这暗示悬想为一种可能，而不遽断定为一种实在。在这时候，意义便是观念了。观念介于确定的理解与心智的烦惑两者之间。凡事物的意义，只是有条件地接受；接受来作为尝试的，都是观念。等到它被确定地接受了，那么事物也已经理解了。

观念是判断的
元素、解释的
工具

　　所以观念不像判断是整体，而只是构成判断的单位。以文章为比喻，则反省的思维的全程为一篇，判断则是篇中之一句，而观念是句中之一字。在推论中观念的必要，我们已经说过。推论的能够停留于发展实验的阶段中，就因为意义的没有确定接受。而且在推论中，观念引导着我们的观察，控制着我们事实的搜集和检查。没有一个引导的观念，则事实必杂乱如散沙，而不能组成理智的整体。因此我们现在来讨论观念，我们并不是又引入一个新的题目，只是如上讲讨论"判断"一样，将思维的整体中的元素加以细说而已。

　　以远看一个动乱模糊的影子为例，那是什么呢？有什么意义呢？一个人在摇手或一个朋友在向我们招呼，这是暗示的可能。立刻接受这暗示，便阻碍了判断。倘使我以这暗示为假定，为一种可能，则它便成了一个观念，而有下列的特点：（1）当作暗示看，它只是假定，或说得尊严一点，是臆说或理论，它是一种可能而尚未可信的解释；（2）虽然尚未可信，它却有它的用处，它指导我们进行观察和探究。如果那影子是一个朋友在招呼，则进行观察必会发现若干其他事实。如果不是，而是一个赶着牲口的牧人，则又必有若干其他事实。我们看一看这些事实存在不存在呢？一个观念如只

当作疑问，则探究便不会进行；如只当作信念，则探究
也便受了阻碍。只有当作疑问的可能，它才能给予探究
一个立场，一个方法。

　　所以除非把观念当作寻求材料以解答问题的工具，
则观念不成为真正的观念。假如我们希望学生把握住
地球是圆的观念，则和把地圆的事实教给他便不同。给
一个球或把地球仪给他看，而告诉他说"地球就是这
样"。叫他天天背诵这句话，等到地与球在他的心里是
联系起来了，这样他依然没有真正获得地是球形的观
念，他至多得到一个球的意象，而模拟着它以得到一个
地的意象而已。真要明白地球是圆的观念，他得先从观
察的事实中发现若干疑难的现象，如在海上的船身已不
见而桅杆可见，月食中的地球的黑影是圆形之类，然后
我们暗示他，把地球是圆的这一事实作为一个可能的解
释；用它来解释事实而使事实有更充满的意义，则地球
是圆的就成为真正的观念了。单是活泼的意象，不一定
是观念；模糊而倏忽的意象，只要有刺激和引导观察和
解释的功用，却可以为观念的。

　　论理的观念像开锁的钥匙。梭鱼和它所要捕食的小
鱼，用玻璃隔开了，它会把头撞到玻璃上去，想去捕那
玻璃隔开的小鱼，经过多少的碰撞，才知道那些小鱼是

捕不到的。动物的学习都靠这尝试错误的方法，人类的学习如没有观念做根据，也只有这方法。人类的行动是有意识地受观念指导的，所以一面可免于粗率急躁的愚蠢，一面也不必依尝试偶成的浪费的教训而学习。

形容智慧的字有许多暗示、迂回、巧避的意思，也常带着道德上歪曲的意思。粗朴的人做事都是径行直截的，聪明的人是玲珑的、曲折的、机智的——都包含不率直的意思。观念便是思维中不用蛮力而用巧术以克服困难的一个方法了。但观念经过习用以后，会失却它的理智性。例如儿童初认识猫、狗、树、屋等物，而还犹豫不辨的时候，观念于他是一种认识的方法；但到后来，事物与意义完全合一，便只有机械的自动的认识，而无所谓观念了。可是常见习知的事物，如出现于一个异常的关系上，也会引起问题，而需要观念才得理解。例如一个人要画出一间屋子，则如何把墙壁和屋顶所成的角度表现于一个平面，便需要一个新的观念了。又如小孩已常见方和圆的玩具和器皿，但在几何图形上发现了方和圆，又得另外构成新的观念了。

观念是论理的工具，不是心理的混合物

观念在论理上的意义，这样说，和它在心理上的意义便很不相同。在论理上，观念不是事物的意象，也不是若干感觉的混合物。我们不能单靠从椅子所得的意象，而得到椅子应有的特殊观念。一个野蛮人会有电杆、电线的意象，但除非知道一点关于电报的事，不会得到杆和线的正确的观念。一个不学者会有一个复杂的科学图解的意象，但不管他的意象怎样明晰，甚至能够把图的形象一一列举出来，他还是不能够理解这图的意义。所以观念之所以为观念，不以它的结构，而以它的功用。只有在疑难的情境中，能够帮助我们构成判断，而从思维以获得它的解决的，才是观念，没有别的。这是观念，因为它的决疑解困的功用，而不因为它的心理上的结构。

二　事物与意义

观念终结于理解，而使事物获得了意义。理解了的事物，即有意义的事物，一方面和观念（疑难而尚未连贯的意义）不同，一方面也和粗糙的物质的事物有别。如果我在黑暗中碰着了一样东西，碰痛了而不知道它是什么，那就只是一个物质的东西。如果我燃了火而找出了它是一张凳或一个煤斗，那就成了理解了的事物或有意义的事物了。

假如有人突然跑到你的房间而喊着"Paper"，你

理解是把握意义

会有各种可能的反应。如果你不懂英语，则那只是一个噪音，一个物理的刺激而已，没有任何理智的价值。可是，第一，如果这是每天送报纸的人的喊声，那么它便有意义了；第二，如果你正等待着某种重要文卷的送到，你就会假定这声音表示它到来了；第三，如果你是懂英语的，但从你的习惯或期待上想不出有什么关系，则那声音也有意义，不过没有全部的意义。你因理解困难，便得去求索它的解释，得到了，它也便有全部的意义了。因为人类是智慧的，我们以有意义为常，以无意义为变。如果那个喊声只是告诉你路上有纸，或世间有纸，你必以喊者为疯狂或恶作剧了。把握事物的意义，是去看出这事物与其他事物的关系，去看出它的作用、结果、原因，以及如何利用。反之，事物的意义不为我们所把握着的，便只是粗糙的物质的事物。

一切知识，包括一切科学在内，目的既然在赋予事物以意义或求得事物的理解，它的进行总是先把事物从孤立的状态提出来，而放在一个较大的整体里使成为一相关的部分。例如一块石头，可以从岩石层的构成上去理解。如果这石头上有别致的花纹，又可从美术上去理解。最后，这花纹被理解为冰河的遗迹。在冰河时代，巨大的冰块滚下来，挟着巨石沙砾，和这地方的石头摩

擦而成这种种花纹，这样，从地球史的远古时代取得了
关系而理解了。

在上文所举的例中，可以看出理解有两种。一个
"Paper"的喊声，懂得英语的人，立刻把握着它的意
义。但为什么那样喊，其全部的意义却还没有得到。看
到一块石头的人，都知道它是石头，这点意义至少是把
握到了。但石上为什么有花纹，这意义又何在？从第一
层说，习知的事物与其意义到某一限度是合一的。从第
二层说，事物与其意义至少暂时分离，必待寻求，而意
义始得。第一层的理解是直接而迅速的；第二层的理解
是委曲而迟缓的。

两种理解的交
互作用

多数语言里，有两种字表示这直接和委曲的两种
理解。例如希腊语的Υνῶναι和εἰδÉναι，拉丁语的noscere
和scire，德语的kennen和wissen，法语的connaître和
savoir。至于英语，则to be acquainted with和to know of or
about，也和那两种说法相等的。我们的理智生活包含着
这两种理解的交互作用。一切判断，一切反省，先起于
理解的缺乏，意义的不完全。我们要思维，就为要得着
事实的全部意义。然而没有若干已理解的事物，没有一
部分已把握的意义，则思维也不可能。我们固然为把握
意义而思维，然而也因知识的增加，而意义的寻求更见

殷切。往往正常人以为显豁而当然的，在有识者，反觉得深奥而可疑。科学家到了一新的地方，会找出许多自己不能理解的事物；而在乡农土著，转以常见不察而视为当然。印第安人在美国大都市，看到桥梁电车的机械的神奇会熟视无睹，而一见工人攀缘电杆，修理电线，却会惊讶咋舌。所以，意义的蓄积，使我们对于新问题的认识也增加；而新问题的解答，又必由于旧意义的应用。知识作用的运动是这样的螺旋形的。

理智的进步是
一个律动

真正的知识的进步，常在于能在熟悉的事物上，发现疑难；也在于能用直接所得的意义，进而把握着更深奥的意义。不论怎样熟悉的事物，只需放在一个新情境上，便会引起问题，激发思考。同时，不论怎样新异的事实或原则，只需深加思考，也便会意义显露，而一见即能理解。理智进步，就在于这直接理解（apprehension）与间接理解（comprehension）的交互的律动。

三　事物怎样获得意义

关于直接理解的第一问题是：我们能够直接认识的许多意义是怎样蓄积成功的？为什么我们看见某种事物

能够立刻明白它的意义而视为当然？这个问题非常容易
回答，由于我们对熟悉事物的理解无形中已十分深刻。
思维的能力不难于探索所未知，而难于究明所已习。我
们一见桌椅、图书、车马、星云，便知道它们的意义，
而难于想象它们以前也是于我们为无意义的事物，这和
我们这时初听番语，而只得到一些无意义的声音一样。

　　詹姆斯（James）有一句常被人引用的话："婴儿
同时受着眼、耳、鼻、皮肤、脏腑的刺激，他感觉的
一切是一个硕大的、模糊的混乱（one great blooming,
buzzing confusion）。"[1]詹姆斯指的是婴儿的未理解的
世界。其实他的描写，在成人遇着新异的事情时也一样
适用。我们骤听自己所不懂的外国语，只得到一团杂乱
的声音，不能辨别它的字音和字义。村民初游都市，工
人初进工厂，陆居者初试航行，不谙竞技者初临比赛，
一切都只觉得混乱。凡是异族的人，我们看来初若都是
相像的；群居的羊，我们看来除大小颜色的分别以外，
也都是相同的。一种浑然不辨、模糊不清的整体乃是不
理解的特征。事物要获得意义，或者说，我们要造成
直接理解的习惯在于：（1）如何使模糊的化成明确；

未理解前只有
模糊的整体

---

[1] 见詹姆斯 *Principles of Psychology*，第一卷，p.488

（2）如何使杂乱的化成连贯。

实际的反应使模糊的化成明确

意义的明确性和连贯性，主要的是从实际行动得来的。儿童把一样东西旋转了，便知道它的圆；搏击了，便知道它的弹力；举起了，便知道它的重量。一种印象从别的特质能够分辨出来，不是靠感觉而是靠实际的反应。例如儿童对于颜色的差别的认识便很迟缓，成人视为有明显的差别的，儿童却很难分辨。当然儿童也不是把各种颜色看成一样，可是理智上的分辨是很慢的。红、绿、紫等颜色并不各引起一种特殊的反应，使每一特色显然地分立出来，只有渐渐地从某些事物引起某些特殊的反应。"白"成了牛乳和糖的符号，这是他所爱吃的；"紫"成了一件衣服的符号，这是他所要着的。这样，特殊的反应把事物中所含颜色的特质，一个一个地分辨了出来。

又如耙子、锄头、犁、锹、铲之类，是不难分辨的，它们各有特殊的功用。可是学生在植物学上要分辨叶的锯齿形和齿形、卵形和倒卵形，在化学上要分辨酸素名词语尾的ic（酸性）和ous（亚酸性），便不这么容易。是知道有差别的，但差别是怎样的，知道得明确便很难了。意义的明确和我们平常所想的相反。由于事物功用上的分辨者多，而由于其形状、大小、颜色、结

构等的分辨者少，所以我们平常有这错误的看法，就因
为形状、大小、颜色等的差别，于我们现在已是这样明
显，再也不去追求它们为什么会明显。其实若使我们永
远被动地静坐在事物面前，则那些特质永远不会从模糊
的整体中分辨出来。声音的高低，强弱的差别，当然产
生不同的感觉，可是若使我们对它不取不同的态度，不
做不同的实际反应，则其模糊的差别也不会在理智上辨
认出来，而被记住。

儿童的图画也证明上述的原则。配景于儿童是不存 **图画和语言中**
在的。儿童的兴趣不在于事物的描绘，而在于所描绘的 **的例子**
事物的价值。配景的方法在前者为必要，而与后者不甚
相干，后者是注重事物的特殊功用的。儿童画的房屋、
墙壁是透明的，因为屋子里的床、椅、人是房屋意义之
所在；他画的烟囱，总是冒着烟，否则烟囱又有什么用
处？圣诞节的袜子，画起来会比屋子还要大，结果只好
放在屋子的外面，因为袜内满满地储藏着他所珍爱的宝
物。他的比例尺是价值的比例尺。图画是价值的模拟，
并不是物质的真实记录。学画术者的一个主要困难也就
在于事物和它的用处已经很深地联系在心中，几乎不能
够将用处随意地除外。

感觉的刺激怎样获得意义的明确性和连贯性，并因

此而互相联系使其便于认识？这最好的例子便是语音
由意义的获得而成为文字。语言之所以为最好的例子，
就因为成千成万的文字里，事物和意义须经牢固联系才
能一见一闻，即理解其意义。在我们对于椅、桌、花、
树、山、石等物质的东西，理智的认识和事物的相关几
乎当作是原始的；但在语言文字和意义的联系，则非逐
渐劳力学习不能得到。在对物质的东西的认识上，我们
还可以说是出于自然，而非由行动中学习；但在语言文
字的意义的认识，则非自发语音而观其结果，或听他人
发出语音而观其相伴的行动，绝乎得不到的。

意义与事物行动的背景

　　我们如注意儿童学习语言或成人学习外国语，就知
道语音起先没有意义的，由于使用而获得了意义，而这
使用常包含事物行动的关系。"帽子"是戴在头上的，
"抽屉"则从桌子里取物的。因为有这事物行动的背
景，单字于儿童有整句于成人的效力。逐渐地，单字多
了，能够供给一个背景，使得事物和行动的关系可以省
去了。到了能够说整句话的时候，他得到了语言上一大
进步；更加重要的，他得到了理智上一大进步了。这时
事物和行动虽不存在，但他已经能够由它们的语言符号
而思维了。等到他理解别人所构成的种种语言连缀，他
便获得了一种扩充经验的工具。在他阅读时，纸上的符

号也有了意义；别人的经验，与自己在时间、空间上隔离得很遥远的，也成了他的经验了。

至于事物起先在我们的经验上，也像语音一样没有意义，而它的意义要从使用上得来，要从满足的经验得来，正如我们前面说过，不是很容易了解。

晚上的晴空现出一点星光。我们看了知道是星，而天文学者看了知道那是行星、小行星或者还是恒星。他的每一认识附带着无数以前意义的蓄积。这涉及距离、运动速率、化学成分，涉及那厚厚的天文学书里的一切。从一点星光到一个重要的认识，这代表着意义怎样获得的过程。这也指明语言文字和思维所推演而得的意义，怎样有助于理解能力的养成；并指明语言文字（数学符号也是一种文字）又怎样有补于思维自身的发展。

总结起来，我们可说：事物的获得意义，由于它的被使用为达到结果的手段，或由于它的被视为尚待寻求手段以达到的结果。这"手段结果的关系"（means consequence relation）是一切理解的中心。举例来说明这关系，则我们理解桌、椅、衣、帽等日用事物，是从手段而达到结果的科学发明，是从结果而寻求手段的。爱迪生（Edison）凭空想象着电光的结果，兰利（Langley）和莱特（Wright）兄弟凭空想象着飞机的结

手段结果的关系及其在教育上的重要

果，而要探索所需的材料和方法，便是后者的例。其实，一切日常设计也都是这样的。我们每次要解答一个问题时，我们把事物安放在这样的手段结果的关系上，而事物又因而增加了它们的意义。炭丝可以发光，汽油可以用于内部燃烧的机器，都是增加了新的意义的。

这原则在教育上的重要是明显而无待多说的。学校教育之所以不能养成理解的能力，不能收获教育的最宝贵的佳果，便因为它没有供给儿童以诸般的"设计"（projects），使他们自动地想出要达到的结果或探求出能够达到结果的手段。常规的功课，外力决定的活动，即使能够训练技能，也不能够发展理解。许多"问题"也还是指定功课的变相，所以仅能够得到应用原则、应用符号的机械的娴熟。总之，没有要达到的结果须待手段的寻求，或没有事物（包括文字在内）的提示须待思维而后得其结果，则理解是无从引起的。

人们每易把对教材的记忆和熟悉当作对它的理解，这是错的。我们的结论是：没有理解，就没有真正的学习。

第十讲　理解——概念与定义

一　概念的性质

上讲从两个观点讨论意义，也暗示第三个观点为本讲的主题。已讨论的两点是：（1）意义当作一种疑问的可能、一个观念；（2）意义当作事物的一种质量。在这里，我们说明白事物怎样获得意义，怎样终于和意义牢固地联系起来，使我们不会把它们分开来看。

意义的第三点是观念于引导观察行动以后，便经证明而成立了；以后我们不再当它是假设，而当它是可靠的工具，用以理解别的疑难的事物了。这种确定了的意义便是"概念"（conception）。概念是判断的工具，因为它是"参照的标准"（standard of reference），也可以称为"标准化的意义"（standardized meaning）。凡我们语汇里的公共名词，可以用来判断别的事物的，都

概念是确定的
意义

是概念。桌、石、草、动物、月亮等名词，都是概念。
例如"床"是一个概念，假如我们看见一样奇异的东
西，人家告诉我们说，这是某种人所用的床，那么这东
西便立刻有了确定的意义了。

概念使我们能
够类化

概念使我们能够类化（generalize），使我们能够把
一事物的理解转移于别的事物的理解。我们只要知道
"床"是哪一类的东西，我们便知道这个别事物是什么
东西。概念代表事物的类或属，它节省我们不少的思
维。虽然我们有时也要知道事物的个性，但在实际上，
只知道它的同类或所属，也就能够应对那一类的思维行
为习惯，应付这一事物了。概念使我们能够利用关于同
类的反应，而不必费力于个别事物的认识。

概念使知识标
准化

概念把知识标准化了。它使流动的化为凝固，移易
的化为永恒。假使"磅"擅改它的轻重，"尺"擅改它
的长短，我们还有什么权量？我们说这包糖是两磅重，
或这块布是一尺宽，还有什么意义？参照的标准必须是
固定的。概念是固定了的意义，不因变化的关系而移易
的。人们有时候互相辩难而不得要领，就因为所用的名
词的意义于无意中移易了。旧的概念的意义，当然也不
是不可由思维与发明而改变；正如磅尺的制度，也未尝
不可改为厘米的制度。但它们于意义既改之后，仍必须

得到一种共同的确认，否则意义便淆乱了。

　　说人们相互理解，意指人们对于事物有共同的约定。这表示标准化的意义，是人们传达意思的一个条件。当两个人说着互不相喻的两种语言时，只要有双方公认的意义的姿势的表现，多少还能够有些相互的理解。共同意义在社会生活上的必要，也就是使意义标准化的一个主要力量。意义一经社会的确定，个人的思维便能够稳定，因为他的思想中有一部分是固定的，"日""水""地球"等的名词，意义总是一样的。尽管地域、时间以及其他经验的情境不同，人们用到这些名词都有共同所指的事物。

　　变换一下我们的说法，则概念是：（1）认识；（2）补充；（3）列入系统的工具。例如天空发现前所未见的一点星光。除非我们有蓄积了的意义，以为推理之助，则星光便只是视觉神经的简单刺激而已。有了以前经验中既得的意义，我们便可以用适当的概念来认识这点星光。这是小行星呢，彗星呢，新成的日呢，还是分解的星云呢？每一概念各有它的特质，而可以持续探究出来。结果，我们认定那星光是彗星了。用了一个标准的意义，我们把对它的认识确定了。再接下去，便是补充。凡我们已知的彗星的特质，现在虽没有观察得

概念帮助我们认识未知，补充所知

到，都可以移用于那一点星光。凡过去天文学者所知的
彗星的运动和结构，都可以拿来作那一点星光的解释。
最后，这"彗星"的意义，也不是分离孤立的；它是天
文知识的整个系统里的一个相关的部分。行星、卫星、
星云、彗星、流星、星尘等的概念，是互相照应，互相
联络的。当那一点星光被误为彗星的时候，它已列入我
们天文知识的系统里了。

达尔文在自传中说，他少年时拾到一个热带的贝
壳，去告诉地质学者西奇维克（Sidgwick）。西奇维克
以为这定是有人抛弃在那里的；如果是深藏地中而发现
出来的，那倒是地质学上的大不幸，因为这推翻了英国
中部地层经过冰河时代的研究的结论。达尔文这样写
道："我很惊诧，西奇维克对于这贝壳的发现，一点也
没有感到愉快。原来科学所最关切的是组织事实以获
得普遍定律。"这类例子在科学上很多，指明概念的使
用有系统化的趋势。在科学的概念中，这趋势是更加显
著的。

概念在教育上
的重要

在不同的事项中，意义既然普遍化了，而能够随事
应用。有了这种标准化的参照点，我们遇着新异而未知
的事物，便可以得到它们的认识。这种概念在教育上的
重要，我们是不惮重言以申明的。

　　儿童当然不能获得与使用成人所用的同样的概念。可是在他的发展的任何阶段上，课业要有教育的作用，便必须有印象与观念的相当的概念化。没有这概念化，则得不到可以移用于新经验的理解的知识。理解的蓄积是最紧要的。任何暂时的浓厚的兴趣不能补偿这理解的蓄积的缺乏的。

　　可是概念的重要，曾使人陷于教学上的错误。以前所述论理的方法，即根于一种信念，以为概念可以现成地提示而被吸收，使得学习敏捷而有效。它的结果是忽视了构成概念的主要条件，而只传授了文字的符号。和儿童理解与经验隔着很遥远的概念，又常常使儿童的理解更加混乱。

　　实验学校对于这种方法的反动，却又趋于另一极端。只供给许多有价值的实际经验与活动，而绝不注意于这些活动要有教育的作用，则绝非徒取娱乐于一时，而必求经验的理智化。这理智化，即确定的、普遍的意义的蓄积。理智的教育和经验的理智化，不过是一句话的两种说法。经验而不能有意义地增加，不能有理解地深化，不能使后来的行动有更明确的计划和目的。总之，经验而没有观念，那经验又有什么用处？所以教学上的问题，没有比构成概念的问题更重要的了。我们现在专讨论这问题。

二　概念的构成

概念不是由阐
述事物的共同
性质而得来的

　　我们可以从消极方面，从普通对于概念的错误的看法说起。概念并不起于比较已有确定意义的事物，从而去其所异，取其所同。而普通人以为儿童从个别的狗得到"狗"的概念，便是那样比较去取而得的。例如他有自己名为Fido的一只狗，又看到邻家的Carlo，又看到亲戚家的Tray。他分析它们的性质，如颜色、大小、形状、腿的数目、毛的长短、所饲的食物等，然后去其性质的相异的（如颜色、大小、形状、毛的长短）而留其相同的，即四足而家畜的动物。这样，他便得到了"狗"的概念。

概念起于经验

　　在实际上呢，儿童的概念是从一只狗的意义而开始的。他从对于这一只狗的经验，而移其关于狗的特质的预期于后来的经验。任何动物出现于他的面前的，都会引起这种预期的态度。他会把猫唤作"小狗"，把马唤作"大狗"；等到他所预期的特质在这里并不相符，他才不得不从他所有的狗的意义中去掉一部分，保留一部分。然后再以这意义应用于别的动物，则狗的意义更加确定而精密了。儿童不是从许多已确定的事物中，阐述其共同性质而成为概念的，他是以旧经验的结果试用于每一新经验，帮助对于这新经验的理解的。

　　儿童关于每一只狗的观念，在开始并不是明晰而确定的。如果他所知道的狗，只有一个Fido（如果他所知道的动物，只有一个Fido），他所得的Fido的观念是含糊的、游移的，他只有通过对家里的猫的观察，才渐渐能够辨别狗和猫的特质。再渐次及于别的动物，如马、如猪的观察，他对于狗的特质才更加辨别得确定。这样，他的"狗"的概念，即使没有Fido和其他狗的比较，也就构成了。只要他从Fido的特质而认识它是狗，不是猫，不是马，不是别的动物，他就得到了一个参照点，以理解和辨别动物了。在这全部过程之中，他以自己经验的阶段上所有的含糊的观念，试用于凡与狗相类的一切动物，可以应用的时候便应用了；不可以应用的时候，他就注意到各种相异的特质。他的"狗"的观念是依着这样的过程而明晰、确定，成为一个概念的。

概念因使用而更确定

　　概念的具有概括性也依着同样的过程。其所以为概括，是由于使用，而不由于内含的成分。凡以概念为起于一种不可能的分析的人，同时也以为它成于分析后所

概念因使用而能概括

得共同性质的一种综合。这当然也是不对的。一个意义一经获得，便成为理解别的事物的一个工具。从对别的事物的理解，这意义因而扩充和确定。概括性起于观念在新事例的理解上的应用，不在于它的内含。无数事物中所列举出来的共同性质，还只是一个列举，而不是概括。任何性质可以用来理解新经验的，就因为这使用而成为概括的。

以上所说的意思，可与我们以前关于"分析与综合"的讨论（见第八讲）相比照。凡赋予观念以确定性而使成为概念的分析，实在只是一种选择，一种注重，把可以解决疑难的线索加以注重而已。如果儿童远远看见一个动物在摇尾而认识它是狗，那么摇尾的这一特质，此前没有意识地选拔出来的，现在是明晰地分辨出来了。这种例子，和动物、植物的科学的分析也只有一点分别，就是后者更着重于可以认识最多数事物的线索的寻求；科学家更急于即使事物出现于异常的情境中，隐蔽的形式下，而依然能够认识同类事物的符号的探取。说所选择的特质已经明白于心中，而后与别的同样明白而确定的特质分辨开来，那是先后倒置的说法。一种特质之所以能够有前所未有的明白，正以其被选择而用为一个线索。

分析使观念明白，综合使观念扩充而概括。综合是与分析相连的。任何意义一经辨别确定，我们的心智便立刻注视其可以应用的事例。在应用中，原来在意义上分离的，现在融合了，认识了，而归之于一类。小孩子学会了一个字的意义，立即会把它使用起来；得到了"圆柱形"的观念，立即会把它移用于火炉的铁管、木头之类。这其实和牛顿（Newton）的万有引力概念的构成，在原则上并没有分别。牛顿从苹果落地所暗示的引力的观念，推广于月与地球的关系，又及于行星与太阳的关系等。在这一观念的应用中，原来被认为许多孤立分离的现象，现在融合了，而成为一个系统：这就是理解上的综合了。

如以综合限于像牛顿那样的概括的原则，那就是一大错误了。任何人移用一事物所得的意义于前所认为不同类的事物上，都是综合。小孩子注水于空瓶中而有起泡的声响，因而想到空气的压力。后来看到水的吸引，船的航行，都想到这一观念，那便是综合。把不同类的东西，云、草、溪、石，纳入一幅画图，也是综合；把铁、锡、汞归入矿物的一类，也是综合。

三　定义与分类

意义含糊的弊害

没有理解能力的动物，固然没有理解，至少也不会误解。人类既然会以推论判断而取得知识，他的理解却常有陷于错误的危险。而错误的理解常起于意义的含糊。我们对于人和物都有自己的理解，因为意义的含糊，便会错误；因为意义的歧义，便会歪曲。有意地歪曲意义，可因谬妄为谈笑之资；显然的错误意义，也不难指出而摈弃不取。独有含糊的意义过于纠缠，不好分析；过于纤弱，又不好证明。所以最易逃避它所应得的实验和责任。意义一旦含糊了，我们无意间会把不同的几个意义互相混淆，而且指甲为乙，自掩其没有正确的意义。这是论理上一种原始的罪恶，而为多数不良的思维结果的起因。要完全消灭这种意义的含糊，是不可能的。要减小它的程度，减弱它的力量，则有待于我们的诚意和努力。

意义的内含与外延

意义要明晰，必须界限确定，内含具足。这种意义的个别化，术语谓之"内含"（intension）；它的表述，谓之"定义"（definition）。"河""人""诚实""法院"等名词的内含，便是专限于这些名词的独有的意义；而定义则把这独有的意义表达出来。

意义的明晰不明晰，看它能不能表示一类事物而截然有别于它类，尤其是相似的它类事物。例如"河"，必须可以表示莱茵（Rhine）、密西西比（Mississippi）、哈德逊（Hudson）诸河，不管它们所在的地域，河流的长短或水的性质的差异；同时必须区别于海流、湖沼之类。这种意义上的界别，谓之"外延"（extension）。

定义表明意义的内含，分类（division）表明它的外延。内含与外延，定义与分类，显然是相连的。内含，所以认识个别的事物；外延，所以认识同类的事物。外延而不指及个别事物，则意义是空洞的；内含而不联结到同类事物，则意义是孤立的。

这二者合起来，使我们有明晰确定的个别事物的意义；也使我们了然于事物的类别，而使意义得到了组织。任何一类的经验的意义明晰确定了，而可以作为类别经验的原则的时候，就成了一种科学。换句话说，定义与分类乃是科学的表征。

定义有三种：（1）指示的（denotative）；（2）说明的（expository）；（3）科学的（scientific）。第一、第三种，在论理上是重要的，介于其间的第二种，尤有社会上、教学上的重要。

三种定义

（一）指示的定义

盲人对于"颜色"和"红"的意义，永不会有充分的理解；能视的人，要得到这理解，也只有于某些事物的经验中，被指示了而注意它们的颜色的品质。引起对于事物的某种态度，因而确定它的意义的，谓之指示。关于感觉的品质——如声音、嗅味、颜色——以及一切情绪的、道德的品质，都须以指示而确定意义的。"诚实""同情""仇恨"的意义，只有从直接经验中，才能把握着。教育者要矫正文字和书本的训练的弊病，只有要求个人对直接经验的重视。人们的知识和科学训练，无论怎样高深，其对于新事物（或旧事物的新方面）的理解，必定是由于事物的直接经验或想象经验的。

（二）说明的定义

直接经验中所确定的意义既蓄积了许多，我们便可以用语言以构成想象的错综变化。一种没有见过的颜色，我们给它以介于绿与紫之间的定义；一种没有见过的动物——虎，我们选择猫类的特质，再加上别的已知的事物的大小、轻重等观念，而给它一个定义。凡"举例"皆是说明的定义，字典上的文字的意义也属于这一类。我们把理解较切的意义这样联络变化起来，则社会里所有的意义的蓄积也就可以供我们使用了。不过这种

定义，既是间接得来，又为习俗所限。它的危险便是不
能引起直接经验的探求，而易于成为观察实验的替代。

（三）科学的定义

即使是通俗的定义，也可以作为认识和类别事物的
原则。可是这种认识和类别是实际的，而非理智的。把
鲸当作鱼，不碍捕鲸者的成功，也不碍观鲸者的辨认。
但科学上不把它当作鱼，而说是哺乳类的动物，这在实
际行动上还是同样有效，而在科学上的认识和分类却又
有了更宝贵的原则了。通俗的定义，选择明显的特质以
为分类的准据；而科学的定义，则选择因果与发生的条
件为特质。通俗的定义所用的特质，不能使我们理解
一种事物为什么有它的共同的意义和性质，只说明这事
物有此意义与性质而已。至于因果与发生的定义，则确
定事物的所由构成，显示它为什么属于某一种类；这种
定义是以发生为准据，而解释它为什么有那样共同的性
质的。

例如我们请一位很有实际经验的常人来给金属一个
定义。他大概会用认识金属以及使用金属的工艺中所
辨别的金属的特质来作答。光滑、坚硬、发光、重量，
这些特质是我们感觉所辨别的，他一定会列举出来；就
是可以锤炼、可以熔化、保持形状、抵抗压力等性质，

他也或许会说到的。可是科学的定义却并不采用这些特质，而别有一种确定意义的基准。金属在科学上的定义，大概是这样：它是能与氧化合而成一种盐基的任何化学的元素。这个定义不基于金属的可以直接知觉的特质，或它的直接的功用，而基于事物间的因果关系上；就是说，这个定义所指示的是一种关系。今日化学的概念，愈益表示物质相互作用的关系了；物理的概念，也愈益表示物质运动的关系了；数学的概念，表示形数共变与秩序的关系；生物的概念，表示物种演变与对环境适应的关系。推之于其他科学的概念，莫不如是。总之，概念能表示事物彼此的关系而不表示其性质，则概念才能得到确定性和普遍应用性。科学概念的理想，在于使任何事实和意义，在转化而为其他事实和意义之中，保持其连续、自由和活动；而我们如果能于事物变化的过程之中，把握住它们的动的联系，理解它们的因果和发生，则那个理想也就实现了。

第十一讲　系统的方法——事实与证据的控制

一　方法是事实与观念有意的试证

凡判断、理解、概念，皆是反省思维中的附属单位；而反省思维的目的在于将一个疑难的、纷乱的、不定的情境转化而为一个融合的、明晰的、确定的情境。我们在讨论判断、理解、概念时，除引申第六讲所举的三例和第七讲所述的分析以外，并没有提出什么新的原则。现在我们重新回到反省思维的过程，用我们前三讲所得的知识来讨论严密的思维方法。在第六讲的第一节，我们了解到反省是在事实与意义相互联系中对它们进行探索的一种作用。每个新发现的事实、发展与试证改变一个观念，每个新观念与观念的新方面也可以发现出新事实，进而改变对事实的理解。

因此，我们的讨论有两方面。一方面，关于搜集和试证事实，作为推论证据的方法，控制观察和记忆的方法。另一方面，关于获得观念，作为说明事实、解决问题、应用概念的方法。这两种作用是相伴的。事实的选择和辨别愈进步，有效的观念便愈有线索可寻；观念的发生愈进步，新的事实便愈有途径可得。

系统方法的需要

思维从事实变成观念，又从观念回到可以证明观念的事实，在这过程中，系统的方法是必要的。没有适当的方法，一方面，我们会轻率地接受最先见的事实，不问其为真的事实与否，或即使是真的事实，不问其与推论有关与否。另外一方面，我们会轻率地接受最先得的观念，认为这个观念就是结论，不问证据的充分与否，便将这结论贸然应用于新的事实，而不问这些事实可以证明这结论与否。思维在复杂的问题上，在获得概括的原则中，要避免这种错误，因此系统的方法尤为必要。

试举一例，以说明发现事实以证明观念，运用观念以解释事实，怎样相伴着进行。

某人出外的时候，房间里是井然有序的，等到回来，看见一室紊然，器物凌乱了。他的第一观念便是遭到了入室抢劫，他并未见着什么贼，这只是一个观念。室内的凌乱是事实，有贼来偷窃是一种可能的解释。前者是确定的，后者只是一种推论。说到贼，他心里也没有想到任何个人，只是不确定的一类人而已。

　　最先见的室内凌乱的事实，并不能够证明是失窃。失窃的结论或许是正确的，但证据并不够充分。他所看见的全部事实，可以说太多，也太少。太多，是因为其中有许多方面与推论并不相关；太少，是因为推论所需的证明又并不显著。因此，他需要进行探索相关的事实了。如果跟着失窃的结论，他还要知道偷窃的犯人是谁，捕获犯人的方法是怎样。如此这般，事实的探索显得更加有必要了。

　　这种探索需要一个引导，否则散乱的寻求只会徒增散乱的事实。如果没有思维的条理，困难必更甚于前了。问题在于哪一个是可以作为证据的事实。这种证据事实的探索，最好是先有一个假设的观念或臆说作为引导。这样，这人就想出了几种臆说。除了失窃以外，或者家里有人在匆忙中找寻器物，没有把它们布置得井井有条；或者家里的孩子们在玩耍中把器物弄成这样凌乱的状态。每个臆说都经过推演。无论是失窃，抑是家人的匆忙或儿童的玩耍，各有其所应有的特殊事实以为证据。倘若是失窃，那么必有贵重东西的遗失，跟着这个观念的引导再去探索。这样一来，就不是观察情境的全

观念所引导的
观察是有价值
的

部，而只在一点上作分析的观察了。一旦看到珍贵的首饰都不见了，银器也都损坏折断了，这些事实就与失窃的臆说相符。再看到连窗户都有曾被打开的痕迹，这就更能证明是失窃了。在寻常的状况下，这种证据已够充分；如在十分非常的状况下，也只有再想出别的可能，再搜寻别的事实。这个是日常生活中的例子。至于科学的方法，也不过以特殊的工具器械与精密的数学计算，把同样的过程进行得更加严密罢了。

二　方法在判断事实中的重要性

臆说的构成是间接的。从根本上来看，暗示的出现不出现，在于个人文化知识的程度如何，理解能力与经验怎样；也在于最近的活动是什么；在若干限度内，其实也与偶然的机遇有关。最重大的发现与发明几乎都是偶然的，虽然没有特殊的兴趣与长久思考的人，绝不会有这样偶然的幸运。所以暗示的出现，不论为智为愚，是不能直接控制的。我们所能控制的是有了思维的习惯以后，暗示的接受和使用。

最主要的控制方法，在上一个例子中我们提到过。那个人就情境的全部加以复核、分析，而使例子里的事实明晰确定。他要把所得事实转化为证明他臆说的事实。臆说的证明是探索与暗示相符而与其他臆说相悖的特点。他所要探索的就是臆说所应包含的特点。理想状况下，当然是恰巧只发现了这些特点。但一般事实上，这种完备的证据是罕见的，我们只能用科学研究上最好的控制观察和材料的方法，以求得最接近真实的证据。

观察既不与思维对立，也不与思维分离。观察（思维的观察）至少占了思维的一半，另一半则属于多数臆说的推演。在思维的观察中，最明显的特点常需视为无足轻重；而最隐蔽的特点，反而是要发掘出来予以特殊重视。

观察与思维的相关

以医生的诊断为例。他如果受了系统的训练，绝不以表面现象而轻率地陷于一个判断。他观察所得的有若干明显的事实，但如作为证据，最明显的或许是最歧误的；真可以作为证据的事实，只有凭专家所用的器械与技术，经过长久的检查后才能得到。就明显的症状而言，这病或许是伤寒，但医生必竭力避免这结论，避免任何结论的偏向，而要扩充事实的范围，也要追求事实的精密。他问病人患病以前的感觉和行动；他用手（或器械）诊察着病人自己所感觉不到的症状；他注意到病人的体温、呼吸、脉搏；他把时时的变化也详细地记录

下来。如果不做这种检查，把症状的范围放大，性质精
密确定以后，他总是悬而不肯断定的。

科学方法的规
范性

总之，科学的方法所包含的，是以概念和理论构成
上的便利规范的事实观察和搜集的种种方法，它们的共
同特点在于选择可以试证臆说的正确事实。列举起来，
这包含：（1）以分析的方法排除歧误而无关的事实；
（2）以搜集例证和比较的方法显示重要的事实；（3）以
实验的方法构成可为证据的事实。

一　排除歧误

我们常说，人们应该会辨别观察所得和推想所得的
事实（通俗地说，辨别客观和主观的事实）。认真说
来，这句话是难于实行的。因为凡观察所得的事实中间
已藏着不是感觉得到的推想，如把这些全部除去，所余
便没有什么意义了。例如甲说"我看见我的兄弟"，这
里"兄弟"这个名词表示一种关系，非感觉所得，而为
推想了。假如甲只说"我看见一个人"，这里分类的标
准虽较含糊，而推想还是依然存在。最后，甚至于只说
"看见一个有色的东西"，则意义更含糊，然而还是有
着推想所得的关系的。在理论上，甲可以仅有一种异常
的神经刺激，而并无事物的存在。可是观察和推想的辨
别在实际生活上却是一个很好的教训。它的要旨在于使
人排除根据经验得到的最有可能出现错误的一些推想，

这当然也是相对的。在常态之下，"我看见我的兄弟"
这一判断，不会有任何错误的可能。真的像我们这样分
析起来，那是学究可笑的事。可是在其他状况之下，甲
到底看见了一个有色的东西没有，或只是视觉神经的一
种反常刺激，也有可能是个问题。科学家深知轻率判断
的可能，又深知轻率是由于自己把意义附会当前情境的
习惯，所以对于一切从自己兴趣、习惯和流行成见所发生
的错误，防范是不遗余力的。

　　科学研究的技术在于排除轻率附会意义，客观决定
事实的各种方法。发红的脸颊表示体温的高，灰白的脸
表示体温的低，这是轻率推想出来的。而科学家必用热
度表以精确测量体温高低的度数，校正自己根据习惯推
想出来的事实，一切帮助观察的仪器（量表、镜子等）
都能帮助我们排除习惯、偏见、情绪紧张、流行成说所
引起的错误推论。一切记录的器械（照相机、留声机、
波动记录机、光力计算器、地震机等）又给予我们永久
的记载，以便别人随时可以查询。通俗地说，事实是客
观的，而不是主观的，因为习惯、欲望、偏见等轻率的
判断已经排除干净了。

　　第二个重要的规范方法是例证的充分搜集。要判断
一辆车所载谷物的质量，一撮是不够的，我们便从所

　　二　搜集例证

载谷物的各部分随意多掏几撮出来比较，质量是相同的那便很好，否则我们需要再取几撮，而把它们混合起来作为判断质量的根据。科学的方法不依据少数例证，而依据多数充分的例证构成结论，这是一个粗浅的例子。

这一方法经常被使用，常被称为"归纳"（induction）的方法。人们常以为在控制的推论中，同样的事例的搜集和比较是一个主要的因素。其实这种搜集和比较是为了要获得在一个事例上的正确的结论；在获得结果的过程中，它只是第二步的发展而已。从一撮的谷判断一车谷的质量，这已是归纳了；如果一车的谷是质量完全相同的，这也已经是正确的归纳了。所以再多取几撮，多抽数样，无非要保证这归纳的正确而已。同样，在失窃的例子中，结论所根据的也只限于那一个事例。如这一事例还有许多疑难，那么我们才会检查别的同类的事例作为比较，并非另加什么科学方法，无非使推论更加缜密更加正确而已。事例的增多，目的在于选取有关的事例，以证明在一个事例上所得的推论。

事例中相异与相同一样重要　因此，在事例中，异点和同点是一样重要的。没有"差异的比较"（contrast）、"类同的比较"（comparison）在论理上也就没有多少价值了。如果增加的事例完全相同而重复，这样一来，就一个事例而推论，所得何在？
所取的谷样，如果出现车中各部分谷物的质量并不相同
才重要，否则怎样得到质量的正确判断呢？[在论理学
书籍里所谓"类同法"（method of agreement）应该和
"差异法"（method of difference）互相联合，变成"同
异联合法"（joint method of agreement and difference），
才有论理上的用处。]如果我们要使儿童对于种子抽芽
做一规范的推论，我们仅示以相同的例子，并没有多少
益处。假使我们把一粒放在沙中，一粒放在泥里，一粒
放在吸水纸上；这各例中有无水分的条件，便把获得结
论上所需的主要事实显示了出来。总之，观察者如果没
有将事例中相异点推至可能的限度，没有将相异之点和
相同之点予以同等的注意，则所得的事例就不能充分证
明他的结论。

　　科学家对于否定事例的注重也是这个道理。凡和论
点大同而小异的例外看得很重要，在科学上是有种种侦
查和记载的技术的。达尔文说过的，因为害怕忽视了和
自己所概括成功的原则相反的事例，他的习惯是不但要
继续寻求相反的事例，并且为免遗忘，一有所得，一定
记录下来的。

　　我们已涉及这一最重要的规范方法了。在理论上，　　三　实验

一个事例只要是适当的，便可以作为推论的根据，和一千个事例也一样。但在事实上，这样适当的事例并不常见，而很少自然地发生。我们得去寻求，得去构造。如仅以所见的事例（不论少或多）而言，其中和当前问题无关的部分很多，而最有关的事实却隐而不著。实验的目的在于根据预先设定的计划，采取有规则的步骤，以构成一个可以解决当前问题的代表事例。凡控制事实的方法，都是观察和记忆的条件控制，实验不过是使这种控制最充分而已。在实验里，我们试把观察的每一因素以及观察的方法和总量都显露出来。显露的、精确的观察方法就是实验的方法。

这种观察优于等待事物自然发生的寻常观察。寻常观察遇到的事象是罕有的、隐微的（或强烈的），又有不能变换观察的困难，而实验把这三种困难都克服了。杰文斯（Jevons）在所著《论理学》（*Elementary Lessons in Logic*）里，把这三点说得十分明白。

他说："我们在实验室里，任何时都可使之发生的事实，如果听其自然发现，会得要等待数年或数百年。现在所知的化学元素以及非常有用的产物，如果等待它们的偶然呈现，则多数或许永远都不会被发现。"

　　这是指自然界中，有些事实不管怎样重要，都是罕有的。下面说到某种现象隐微而为寻常观察所不能及：

　　"电在任何物质任何时间都存在着；古代人在磁石上、在闪电中、在北极光的出现、在琥珀的摩擦中也未尝不可观察电的作用。可是在天空的闪电，现象太强烈，在别的例子里，又太隐微，使得古人不能得到正当的理解。如果我们没有从电池或发电机得到便利的电供给，则磁电的科学是不能够前进的。电所发生的效果，多数在自然界里是可见的，只因过于隐微，导致不易察觉了。"

　　以下再说到寻常经验中，现象是固定的，非在变化的条件下，这种现象是无法理解的："碳酸寻常是从碳的燃烧而发生的气体，但在高度压力或低度气温的条件下，则变成了液体，甚至可以变成雪花似的固体。其他许多气体也同样可以变成液体、固体。这使我们相信，如果能将压力和气温的条件进行变化，任何物质能够有固体、液体、气体三个形态。寻常的观察却使我们假定物质的形态是固定了的，而不可转变的。"

　　要详细说明各种科学所发展的分析和显示事实的方法，怎样避免任意或惯例的暗示而得到正确和普遍的原则方法，这将写成多卷的书。这些方法有一个共同的目的，即观念构成的间接控制。而大部分，也不外乎上述三种选择和搜集事实的方法的错综应用了。

第十二讲　系统的方法——推理与概念 的控制

一　科学的概念的价值

我们已注意到：为选择可充证据的事实而控制观察和记忆，全靠平时有积累的概念。在室内器物凌乱的例子中，那人如果没有失窃的观念，则遇到这种情境一定茫然得和小孩子一样。概念是理智的工具，运用于知觉记忆的材料，使其隐微地明着，抵触地调和，散漫地完整。在医生诊断的例中，平时学识的用处更加明显，更加完全了。以已知求未知本是老话，已有的理解、已定的意义和概念名异实同。所以概念构成的控制是十分必要的。

概念怎样起源，以前已经说过。现在要讨论的是，用什么方法使概念得到有规则的连贯的发展。

系统在概念中的重要性

没有列入系统的概念，可用以认识日常经验的事物。例如"狗"，虽然还没有列入动物学的概念系统里，也可用以认识一种四脚的动物。但没有一系列的概念，如"狼属""脊椎类""哺乳类"，以及哺乳动物和"鱼类""爬虫类"等的关系，而只有一个"狗"的概念，动物生活上的其他问题是不能够解答的。

概念联络而成为一个整体的重要，可以从我们表示前提和结论关系的文字上看出来。（1）前提称为"基础"，是用来"支持"结论的；（2）我们从前提"下推"而至结论，又从结论"上溯"而至前提，如一条河流，我们可以寻找它的源头一样，结论可以说是"发源"于前提的；（3）"结论"这一名词，就表示是将前提中的事实，总结"包含"起来。我们说前提包含结论，结论包含前提，便是说推论中的各元素综合而成一整体。

通俗的概念——例如"狗"——是根据感觉所得事物的显著特质的。这种概念是不能够推演得很远的。如用以概括许多表面相同的事例，便容易错误。以"蝙蝠"为"鸟"，以"鲸"为"鱼"，便是例子。通俗的概念不但有歧误的可能，而且距科学上基本的概念（电子、原子、分子、力等）落后得很远。而促进发现、发明和自然控制的是这些科学的概念。

自然科学上一个很大的成功，是凭着数学的概念观察和解释自然的现象。我们可以从通俗概念上，把红、绿、蓝等归入"颜色"这个概念。可是只有用了"波动速率"的概念，我们对于颜色才能做更正确、更广远的推论；才能把颜色的现象和表面上毫无关系的现象——红外光、紫外光、放射性、声音、磁电等联络起来。用了量的概念，我们才能够不理会那妨碍推理的"质"的分别，而从"量"的分别把事实的联络推至极限。

"量"概念的价值

每一种科学，不论地质学、天文学、动物学、化学、物理学、数学，以及数学的各部门，它们的目的在于构成自己特有的概念，作为理解特定现象的密钥。每一种科学各有它们特有的意义和原则，在一种条件下，一个原则又包含着其他原则。有了这样的概念系统，相同的意义的互相替代变成了可能；推理也不限于个别的观察，而可以从所暗示的原则推演到很远的结果了。（定义、公式、分类是确定和推演意义的方法，是阐微决疑的工具，而不是小学教育中认为的目的。）有了这样的概念系统，原来的形式并不能适用于一种情境的一个概念，解释了它内含的意义，便可以应用。例如真空中水和水银的上升，可以用重量的概念以及空气有重量

每一种科学各有特殊的概念

的含义解释了。这种含义的解释使概念的应用增加，节省了不少的精力。

概念游戏　　　　　概念构成了各个学科里专家的一种专门的学问。不问当前或较远的实际应用如何，而穷究概念的论理关系和内含的意义成了一桩理智的乐事。例如数学家在推究几个概念的关系中，发现了新的关系，而综合成一个系统的时候，他得到无限的美感和喜悦。人是有所谓概念的游戏的。

这种游戏可以比任何玩耍都更有趣。凡不能对于概念自身产生深刻兴趣的人，从来没有在科学或哲学上卓然成为一个思想者。儿童也能够有这种观念游戏（只要观念在他们理解的范围以内），这是常人所不相信的。只是因为外力压抑的功课，这种能力被弄得迟钝了，他们联络观念的游戏是被压抑而成为昼梦和幻想了。学校里创造性的作业，如写作、绘画和其他艺术，它们的价值就在于养成意义联络的游戏。

概念需要最后
的证明　　　　　概念虽然可以脱离直接观察而单独发展，进而推衍观念以明其关系的习惯又为科学的进步和高深的理智培养所必需，然而概念最后证明可以直接观察和实验的事实。推理可使观念丰富，而不能决定它的正确性。只有于观察所得的事实与推理所得的结果完全相符的时候，

我们才能接受这推理的结论。总之，完成的思维以具体
观察始，也以具体观察终。演绎方法的教育价值在于成
为发展新经验的工具。

二　在教育上的重要应用：几种错误

以上各点，在讨论教学方法上，意义便更加深刻
了。我们在第七讲的开头，就说明事实与意义、观察与
概念的相关性。而大部分教学方法错误的地方在于将这
二者分离。在这分离中，事实成了文字知识，成了机械
的、不融化的死物；观念成了空洞的、无裨理解的幻
想——除了学校以外，找不到它的用处。

在几种学科上和多数教材上，儿童只是淹没于琐屑
事实之中。这些片断的事实是以传递和权威被接受的。
即使在所谓"实物教学"里，观察到的也还是片断的事
实，从来没有想到事实的作用和怎样发生，单纯以关
系来解释。徒然把事实原则填满儿童的记忆，希望他们
将来有一种幻术把它们变得实用，这怎样会有可能？反
之，原则的孤立记忆也和事实的孤立记忆是一样的，即
没有用原则理解具体的事物，或引起其他推演的意义，
这些原则的死记忆还不是和片断的事实一样的无用？

事实与意义的
隔离

　　高等教育里的实验室作业和初等教育里的实物教学相同，孤立的课题使学生"只见树木，而不见整个的森林"，只见零碎事物和性质，而不见其在整个关系上的意义。在实验室里，学生只忙着科学标本和仪器的使用，而不问使用的理由，不了解使用仪器只是解答问题的方法。没有推理，事物的联络关系不会显现；没有联络关系的显现，学问便成了杂货废料的堆积。

不继之以贯彻
的推理

　　即使把各部分的事实归列于一个整体，也常是匆忙地给学生一个含糊的观念，而没有从容地使他理解事实以怎样的关系组成这个整体。我们说，学生已"大约地"知道历史、地理等事实的相互关系了。"大约"即"含糊"，学生依然没有明确的理解。

　　即使让学生根据个别事实而构成一个概念，也并没有用力去使学生继以充分推演，而看出它多方面的关系。学生所猜想的，对便对，不对便拒绝，就完事了。如果有贯彻推演的需要，也便由教师负担了这责任，殊不知思维的全程需要臆说者负责推演臆说的含义，以观其是否符合当前的事实。现在教课虽避免了机械技能的学习、传递的事实原则的记诵，而又趋于另一个极端，即引起学生自发的思考以后，教师又取代了学生自己应做的推理过程。这样只是启发了学生暗示，而不加以指导和训练，没有使暗示进阶到推理的阶段而使它完成。

　　在别的学科和教材上，推理的阶段又是自成单位而陷于孤立的。无论把推理放在教学的开始或终结，这种孤立都是错误的。

　　最普通的错误，便是一开始就是定义、原则、分类。这种方法被一般教育革新者攻击，用不着再多赘述。在论理上，它的错误在于不先使学生知道所要定义分类的个别事实，就教以定义分类。但是革新者又矫枉过正，而非难一切定义、原则和分类。其实想要非难的，只限于没有具体经验的相联、它们的无用和阻碍思维而已。只要能够刺激思维，有时候放在开始也是适当的。

以演绎开始而使演绎孤立

　　定义原则而不应用于新的具体的事例，这是以推理放在终结的错误。推理的终结在于融合和理解新事例上的应用。没有这些应用，任何人不会充分理解他所学的原则。教师和学生往往满足于几个僵化的先例，而不引导到新事实和意义的观察试证，这样，原则还是死的，是僵化的。

概念与引导观察隔离

　　变换一种说法，思维的全程必须包含实验，以原则应用于新事例上的证明。学校的迎合科学方法是迟缓的。在科学方面，有效的思维只有用实验方法才有可能产生。现在中学和大学里，对于这种方法非常认可。但

不供给实验

在小学里，一般人还以为儿童的自然观察辅以传递的知识材料，便足以引导理智的发展。当然，我们并不是拘于实验的名词，更不是必需复杂的仪器。不过人类的全部科学史证明，没有改变自然情境活动的进行，就没有有效的思维条件。书籍、标本、实物只有被动的观察，没有用于这种活动中的，也不能供给这个条件。

革新的学校所犯的错误也已经说过，不断的实际活动，即使是任意而散漫的，也被当作实验。然而真正的实验，必包含一个所要解答的问题，其中的活动也必有观念以为引导而后有目的。

不总结成果　　这种学校还有一个错误，便是忽略了时时查核所行所知而总结所得到成果的必要。活动所希望的结果是什么，所有材料和动作是否能达到这个结果，这需要时时检查，步步回顾。正因为概括和组织不放在开始，放在活动进行之中，所以更需要这种结果的总结，否则松懈和散漫的习惯便养成了。

第十三讲 经验的与科学的思想

一 何谓"经验的"

我们日常的多数推论，凡没有经过科学方法规范的，皆属经验的；那就是说，这种推论是依据过去经验中符合而得到预期的习惯。凡两种事物的相联，如雷和电，其一的发生，便使人期盼着其二的续至。这种相符、相续、连续亘古不变，则人的预期便成为一种信念，从其一而推论其二了。

例如甲说："明天大概要下雨了。"乙问："你怎么知道？"甲答："因为日落的时候天空非常低暗。"乙再问："这和明天下雨有什么关系呢？"甲说："我不知道，但平常日落时，天空这样低暗，总是有雨的。"这人不知道两种现象间客观的关系（任何定律或原则），他只从两个事实反复的连续，以其一的暗示，而得到其二的联想罢了。另外一个人，看了晴雨表，说："明天会下雨。"如果他也并不理解水银升降和气压变化的关系、气压变化和晴雨的关系，则他的推论也还是经验的。当人类生活在狩猎、捕鱼、游牧的时代，气象变化的观察是很紧要的，民俗中间的许多歌谣是这样产生的。但这种气象的预测只根据现象的相联，而没有为什么和怎样相联的理解，所有信念完全是从经验得来的。

经验的思维是
有用的

同样，古代东方的哲人虽不理解天体运行的定律，而通过反复地观察，能够预测日、月、行星的地位和日月食等，都非常正确。在不久以前，医学也大部分是这样，某种症状大概可以用某种药品得到某种结果，也只是从经验得来的推论。我们今日关于个人和群众的心智行为的多数信念（心理学与社会学），大部分还是经验的。以推理著称的几何学，开始在埃及人中间流行的时候，也是根据地面测量方法的观察，到了希腊人的手里，才渐具科学形式的。

经验的思维有
三种缺点

纯粹的经验的思维有显著的缺点。举要地说：（1）容易发生错误的信念；（2）不能应付新异的情境；（3）容易养成心智的惰性与独断。

（一）错误的信念

虽然许多经验的推论大体是正确的，虽然它们于实际生活是有很大裨益的，虽然有气象经验的渔人、猎者的预告，在限制的范围内，可以比科学家完全根据科学测量的结果还要准确，虽然经验的观察和记载供给科学知识的原料，但终不能辨别结论的正确不正确，或许还会引起许多错误的信念。最普通的谬误，论理学的术语，所谓"误认因果"（Post hoc，ergo Propter hoc），即是两事相联，而以前者为后者的原因。这正是经验推论的主要原则。所以它的推论即使正确，这正确也是得之于偶然，而不是得之于方法的。山芋要在月亮半圆时下种，沿海的人生于潮涨而死于潮退的时候，彗星是大祸之征，破镜是不祥之兆，如此等等无数的观念都是经验推论的结果。

经验所及的事例愈多，对于它们的观察愈密，则事物相联的证据愈可靠。至今，我们许多重要的信念只有这样的证据。老和死是经验中最确定的预期，可是没有人能够确定地说出它必然的原因。

（二）新异的情境

最可靠的信念一遇到新异的情境，也就没有效用。

因为它们来自于旧经验，而新经验却与任何先例不同。经验的推论循着习惯所定的涂辙，这涂辙没有了，它便没有什么轨道可循了。这一点是这样重要，使得克利福德（Clifford）说："习惯的技能使人应付与以前所遇的相同的情境；科学的思想使人应付从来未遇的新异的情境。"他甚至于给科学的思想这样的定义——"旧经验在新情境上的应用"。

（三）心智的惰性与独断

经验的方法最有害的一点是心智的怠惰、保守、独断，这在思维态度上的影响比任何错误的结论还要严重。凡有推论，仅根据与过去经验的符合，遂将不符合的地方轻轻忽略了。需要有一事物解释相连的原则，遇到各个事物与原因间找不到联络的时候，遂捏造一种联络作为解释了。幻想的神话般的信念都是这样捏造出来的。抽水机为什么能够引水？因为"自然"压制空虚。鸦片为什么使人睡眠？因为它有催眠的作用。我们为什么能回忆过去？因为我们有记忆的心能。在人类知识演进史上，经验推论的第一阶段带来了神话；第二阶段就产生出微妙的"质""力"等信念。这种原因既然不能直接观察，也就不以观察去证明它们的正确与否了。于是信念成为传说，成为独断的主义，而反省的思索被抑制了。

　　某种人成为这些独断信条的护法者和导师。你接受这些信条，便证明你的忠良；不接受，便是叛逆了。被动、驯服成了理智的美德。一切新异的事实不是视而不见，便是拿来"削足适履"地放在传统的信念里，引了几句经典便压制了一切怀疑。这种态度使人厌恶新奇，而厌恶新奇是进步的致命伤害。凡不能附会于经典的是邪说，凡自己有所发现的是异端，要遭受着人们的嫉视和迫害。其实传统的信念也是经验中观察的结果，但一经僵化，变成不易的传说与半神圣的信条，便只许在权威之下被动接受，接着与权威者所信的幻想糅合在一起。

二　科学的方法

　　科学的方法和经验的方法不同。科学的方法把观察所得的粗糙的事实，分析为许多不能直接观察的精细的过程，从而发现一个概括的事实代替经验里事实的相联或偶合。

科学的方法使用分析

　　常人看见水泵放在池里，池水可以升高，问他为什么，他说："水被吸了。"吸，像热或压力一般，被视为一种力。如果他看见水只升高到三十三尺，他毫不费力地解释一切都有强弱，而有它们的一定的限度。至于水的高度，因为距离海平面的高度而不同的事实，他或许不注意，如果注意到，也会说自然界反常的事是很多的。

科学家不是这样。他以为观察所得的整个事实是复杂的上举水的升高的事实，便须先化为若干更细的事实。他的方法是把情境或条件一项一项地变换，接着观察每一项条件排除以后有怎样的结果。粗糙的整个事实不易解释，现在化成精细的、部分的事实，每一部分是容易理解的，因为它表示一种因的关系。

变换条件有两个方法。第一个方法是经验的观察的推广。那就是在不同的情形下，做许多次的观察，而仔细比较它们的结果。这样，距离海面的各种不同的高度上，水的上升的高度的不同，以及就和海面一样高的地方，水也不能升高过三十三尺等的事实，便不会被忽略过去。这方法的目的是找出一种结果，要有什么特殊条件才会发生，把这些特殊条件以替代原来粗糙的事实。这样得到的事实可以帮助我们理解结果。

但是这种分析的方法也有它的限制：如果没有许多不同的事例自然呈现，这方法便无所用之。而且，即使

变换条件的两
个方法

有这些事例呈现出来，它们的变换是否为理解特定的问题所需的变换也成疑问。这方法是被动的，依赖外界偶然的情境的。自动的、实验的方法的优越就在这里。我们要有臆说，少数观察的事例已够暗示了。依这臆说的引导，科学家可以故意变化条件而注意它的结果了。倘使从经验的观察，他知道水上的空气压力和没有空气压力的管子里的水的升高可能有关系，他便可以故意把储水器内的空气排除，或故意增加空气的压力，再注意它的结果。他以实验估计海面和距离海面不同的高度的空气重量，然后以根据臆说而推论的结果和观察的结果相比较。根据臆说变换条件而作的观察，谓之实验。实验是科学的思维中的主要方法，因为它最便于从事实的浑然的整体中，分析出重要的元素。

这样，实验的方法是包括分析和综合的。水因水泵作用而上升的整个事实化成若干独立的元素，其中有些是从未观察过或想过会与这事实有关的。其中一个元素"空气的重量"被选择出来，作为理解这整个现象的密钥，这选择是分析。空气和压力（或重量）的事实不限于这一个事例，在其他许多事例中，这现象是可以发现的。因为注意于水泵使水上升的例中的这一元素，而水泵一例与其他许多以前看作分离的事实连贯起来，这连

实验包含分析
与综合

贯是综合。而空气压力这事实又属于"重力"一类的普通事实，则凡适用于重力的结论，又皆可移用于这水泵吸水的一例。和水泵看似无关的晴雨表、氢气球等无数事实如此又连贯了起来，这是综合的进一步的例。

试以科学的与经验的思维一比，我们便看出科学的思维的优点。

（一）减少错误的可能

因为用空气压力这一分析的特殊的事实替代了水泵引水的粗糙的整个事实，证据便增加了它的正确的程度。后者是复杂的，包含许多未知的元素的。所以，任何推论易于因情境的变换而被推翻。前者——空气压力——是一个比较确定而可测量的事实，可以选择出来而加以实验的控制。

（二）应付新异的情境

分析增加推论的正确，而综合扩大它的应用的范围，以对付新异而变化的情境。重力比空气压力是更普通的事实，而空气压力又是比水泵作用更普通的事实。能以普通的、常见的事实替代比较特异的、罕见的事实，便能将普遍的、习知的原则解释为新异的事例了。

詹姆斯说："把热当作动，则凡关于动的原则，便适用于热。而动的经验有百次者，热只有一次。把光

线透过镜片的事例当作直线曲折的事例，则我们便可
以把日常常见的事实替代比较罕见的光线透过镜片的
事实。"[1]

（三）对于未来的兴趣

科学的实验方法反映着人们从尊崇过去的习惯常
规，转变到控制现在而希望于未来的态度。经验的方法
必然地增加过去的影响，实验的方法则显现出未来的可
能。经验说："等待有充分的事例再改吧。"实验说：
"创造出事例来。"前者依赖自然给我们偶尔符合的事
例，后者故意发现符合的事实。用这方法，进步的概念
有了科学的保证了。

日常的经验大部分受制于事物的直接和强烈。凡光
亮的、突变的、大声的，必引起特殊的注意。凡隐微
的、继续的、沉静的，便容易被人们所忽略。习惯的经
验以直接的和强烈的，而不以最后的、重要的，控制思
维的进行。没有先见和计划能力的动物，只能对于当前
强烈的刺激做相应的反应，否则便不能存在。人类的思
维能力发展了，这种刺激并没有失却它们的紧迫性和
强烈性，不过思维要求着辽远的和隐微的的最先注意

科学的思维不
受直接的强烈
的刺激的影响

---

[1] 见詹姆斯 *Psychology*，第二卷，p.342。

了。隐微而纤弱的，可以比昭彰而强烈的更重要。前
者可以表现一种作用的尚未著明，后者或是一种势力
已经用尽的征兆。科学思想的第一必要，是思维者能
从感觉刺激和习惯的束缚中解放出来，这解放是进步的
必要条件。

　　贝恩（Bain）说："最初人们看见了流水，而想到这
像人力和动物力一样，有运动物体胜过抵抗的能力，便
增加了一种原动力；假使当初的情境容许，这原动力或
早就替代了别的原动力了。这在今日看来，那是很明显
的事。但试想当时的人对着洪流飞溅、巨响喧闹的水，
要推想到一种力，就不是怎样明显的一回事了。"[1]

抽象的价值　　倘使于强烈的感觉刺激以外，再加上社会的习惯的
束缚，则经验的思维以过去的尊崇压抑自由的弊害更显
然了。

　　抽象在日常思维里是一个不可缺的元素。一切分
析，一切从含混的整体中选择出一种明显特质的观察
里，都有抽象的作用。但科学的抽象要把握着感觉所不
及的一种"关系"。从之前讲到贝恩的一段文字里能看
得出来，人从流水的许多特质中把握了"力"的关系。

_____

[1] 见贝恩 *The Senses and Intellect*，p.492。

忽视了抽象的这一作用，便失掉了抽象的观念在理智上的用处。将抽象只当作已知的特质的拣选，虽也有实际生活上的功用，然而抽象的论理上的价值则在于未知的特质或关系的发现。在体形上说，把鸟翼看得像兽肢，把豆荚看得像树叶，这是抽象。抽象使心智从常见的特质解放出来，使能从已知深入于未知。未知的特质或关系的发现在理智上更重要，因为它使分析的、深远的推论有了可能。

　　"经验"（experience）这一名词，这样可以用"经验的"（empirical）或"实验的"（experimental）思维态度来解释。人的经验不是固定完成的，而是活动的且继续增长的。倘使经验受制于过去的习惯和常规，则经验与思维变成对抗。可是经验实在包含着超脱感觉和习惯的限制思维；经验可以融合最正确而深刻的思维所发现的一切。教育的定义实在就是"经验的解放和扩充"（an emancipation and enlargement of experience）。个人在儿童时期是比较易于培育的，他没有受经验的僵化，他的态度是好奇的，自然与社会对他来讲都是新异的。正确的教育方法能保持而完成这态度，使种族的缓慢演进在个人生活里得以浪费（从惰性的常规和对过去的依赖而产生的浪费）的汰除，而有缩短的捷径。抽象的思

"经验"之意义

维是一种想象的能力，对于常见的事物，能够有新异的理解开辟出来。这样，实验的方法也跟着试证了它的永久价值。

／第三部分／
思维的训练

第十四讲　活动与思维训练

行动与思维的关系，在以前各讲已经讨论过，本讲再集合而加以引申。我们将依着人类发展的顺序而叙述。

一　活动的初期

当我们看见一个婴儿的时候，自然而然地发问："你想他在思维些什么？"事实上我们不能详细答复这问题，但我们可以确知婴儿的主要兴趣。他最基本与最重要的问题是支配自己的身体而得到舒服，并能够有效地适应于自然和社会的环境。在婴儿时期，几乎每件事都需学习，如看、听、爬、走、伸展、抓握、使身体平衡等。人类本能的反应虽然比低等动物多，但人类本能的倾向不及低等动物完善，而且人类本能的倾向如果不好好地联合和指导，实在没有多大用处。小鸡从蛋壳里

婴儿在思维些什么

出来，几次尝试了它的喙，便会啄食谷物，和长大的时候一样会吃。这实在需要头和目复杂的联合组织。而婴儿几个月以后，还不能抓到他小眼睛所看见的东西，就是能够抓到，也需要几星期的练习才能适应，才会使抓到的时候不致太过或不及。一个小孩要抓月亮是不可能的，但他会这么希求，因为小孩需要很多的练习，才能辨别哪一件事可能，哪一件不可能。一经眼睛看到的东西的刺激，手臂就本能地伸展出来反应，这倾向就是以后准确而敏捷地伸展和把握的能力的起源；但是最后要能运用自如，还需要观察并配合有效的动作，才能达到目的。这种有意的选择和配合的作用构成思维，虽然这种思维还是初浅的。

支配身体是一个理智的问题

因为支配身体的各器官为后来的许多发展所必需，所以这种问题非常重要；而这些问题供给思维能力的基本训练。小孩很愉快地学习运用他的四肢，抓到他所看见的东西，把声音和所看见的联络起来，再把所看见的和尝到的和接触着的东西发生关系。在整个人生的一岁有半的时候，理智进展迅速（运用身体的基本问题，都在这时期学习的）是很明显的事实。这证明身体支配的发展不仅是属于身体的，而且是理智的成就。

社会的适应立刻很重要了

虽然婴儿最初几个月的主要学习在于顺应物质的环

境而得到舒服，和运用东西的时候有相当的技巧和效率，但同时社会的适应也很重要。小孩在和父母、兄弟姐妹等的关系中，学习如何满足饥渴，如何免除不舒适，并如何获得适宜的声光和颜色。他和物质环境的接触是由于他人所管理的，他立刻明辨在他的小小环境中，人是最重要和有趣的对象。

　　语言成了顺应社会最重要的工具。语言的发展（常在第二年中）使婴孩和他人顺应，也赐给他心智生活的密钥。当他观察别人的所作所为，他可能活动的领域也无穷地扩展了。所以他常试试看要明白且做人家所鼓励他尝试的事情。心智生活的轮廓，大体上在最初的四五岁时便构成了。成人的工作和职业，是年代久远的发明和计划的发展，这些都包围着儿童。成人的活动对儿童是直接的刺激，它们是他自然环境的一部分，它们是他的眼、耳和触觉等物质的刺激。当然，儿童还不能由感官而明辨成人活动的意义，然而感官刺激使儿童产生反应，引起他的注意，集中在较高一层的材料与问题上。前一代人的成就形成了指导下一代人活动的刺激，假使没有这个过程，人类文明的历史也无从积累，而每一代仅能从野蛮的状态重新起步。儿童学习语言的时候，同时学到许多意义。他们得到一种习惯，这种习惯引导他们到一个新的世界。

模仿的地位　　　　模仿仅仅是成人的活动供给刺激的各种方法之一，而这种刺激又如此的新奇和复杂，如此的富于兴趣且种类繁多，所以促成思想很快地进步。但是只有模仿并不能引起思维。譬如我们像鹦鹉一般单调地模仿人们外表的动作，永远引不起我们的思维；即使我们模仿会了，我们也永远不知我们所做的有什么意义。教育者（与心理学者）常假定、复演别人的行为，就仅仅只是模仿而已。其实儿童不是因有意模仿而学习的，这就是说，他的模仿不是有意识的，至少他的立场绝非模仿。别人的工作、行为、手势以及说话和儿童内在的、已经活动的冲动联合起来，便暗示了有效的发表方法，暗示了可以达到的目的。有了这个目的，儿童观察别人和观察自然界的事物一样，希望得到更多的暗示。更多的达到目的的方法。在观察中，他选择几种方法，把它们尝试一下，以观其成功或失败，而估量它们的价值。这样继续地选择、支配、顺应、实验，一直到他能实现自己的目的。旁观者看他的动作和成人动作相似，因而说："这是从模仿得来。"然而事实上，这是由于注意、观察、选择、实验和效果的证明而获得的。只有这种方法的使用，才能发生理智的训练和教育的结果。成人的活动对

于儿童理智的进展负着很大的任务，因为成人的活动使
世界上自然的刺激以外，增加了新的刺激，而这种刺激
更适应人类的需要、更丰富、组织更良好、范围更宽
广，可以有更灵动的顺应，从而引起更新异的反应。在
利用这些刺激的时候，儿童用集中思维来支配身体时用
的是一样的方法。

二　游戏、工作与相类的活动

当事物成了符号代表其他事物的时候，富于实质性
的游戏变成带着心理因素的活动了。一个小女孩折断了
泥娃的腿，她把这折断的腿收拾好了，抚摩着它，使它
卧于榻上，正和她向来爱护她的整个泥娃时一样。部分
代表了全体，她不是特别敏感于感官所及的刺激，并且
反应着所见事物所代表的意义。儿童常以石为桌，以树
叶为碟，以橡实为杯，对于他们的泥娃、小火车、积木
和其他玩具也是如此。当他们运用这些东西时，他们不
仅生活于物质环境中，而且进入了事物所引起的自然和
社会意义的领域。所以儿童戏竹马、戏设店铺、戏筑房
屋、戏饰客人的时候，他们是把物质的东西依附于所代
表的理想。因为这样，丰富的意义和概念（这是理智的

游戏与游戏态
度的重要性

成就之基础）都确定而建立起来了。

再则，许多意义非但渐渐熟悉，并且组织分类而联络起来了。一项游戏和一个故事渐渐地调和一致了。即便是最富于幻想的游戏，其中各种意义也无不互相适合而关联，最"自由"的游戏也遵循着配合和统一的原则。它们有一个开始、一个中段和一个结局。在竞技之中，规则与秩序贯彻了各种小动作，使合成有联络性的整体。戏剧或游戏中的律动、竞争和合作也引发了组织。因此柏拉图（Plato）倡之于前，福禄贝尔（Froebel）继之于后，都说游戏是儿童主要的且几乎是唯一的教育。这当然不是玄妙或不可思议之说。

游戏的态度比游戏更为重要，前者为心理形态，后者为这种形态的表现。当事物仅成暗示的工具时，所暗示的意义超越了原来的事物。游戏的态度是自由的态度。有了这态度，便不是很注意事物的物质性，也不斤斤于它能否真的代表某种意义。当儿童以竹为马，以椅为火车时，竹不足以代表马，椅不足以代表火车头，可是儿童觉得无关紧要。所以要使游戏态度不以任情的幻想为归宿，而在构成幻想的世界的同时认识这个现实的世界，那么游戏的态度进而变成工作的态度，就很有必要了。

在表面的动作上，尤其在心理的态度上，什么是工工作的重要性作呢？儿童在自然生长中渐觉得假托事物的游戏不能惬意。因为假托太简单，且没有充分的刺激以引起满足的心理反应达到这一点的时候，他要把事物所暗示的意义再应用于实物，而注意于应用的适当了。一辆小的车子，有了"真的"轮、轴、车身等，就像"真的"车子，比拿到任何东西以为一辆车子时，有更多的心理满足。或者拿着真的杯碟，参加布置餐桌的工作，比假托大石为桌、树叶为碟觉得有意义得多。这时，兴趣仍集中于事物的意义；事物愈有意义，愈增加其重要性。游戏的态度总是如此。可是这时意义已以实际事物来表现了。

字典上的用法，不允我们称这种活动为工作。但是，这种活动的确代表从游戏到工作的过程。因为工作（是心理的态度，不仅是表面的行为）即是意义在客观的形式中（用适当的材料和方法）得到适当表现的一种态度。这种态度利用自由游戏中所引起并造成的意义，却控制着意义的发展，使其应用于事物时能与事物本身的结构相一致。

"工作"这个名词，实在不甚适当。因为工作常指达到实际结果的常规活动，其中运用思维以选择手段适应结果的成分，占着最低的限度。从外表看，工作仅是非做不可而做的事情。但是在我们想到工作和教育的关系时，我们对于工作应该从内心看。这样工作就代表人们的有目的引导的活动，它包含思维、选择和手段的智巧和创造性，包含希求与观念，且以实际结果为证明。

儿童和成人一样，有时仅做别人命令的工作，很机械地依从了别人的口授或文字的说明，刻板地去做。这样，就几乎等于没有思维，没有真正的反省活动。我们前面已经说过，手段和结果的关系是一切意义的中心。

"工作"如果是智慧的活动，则是很富有教育价值的，因为工作继续不断地构成意义，同时在应用于实际情境中加以试证。但是成人绝不可以以普通成人工作所得结果的标准来判断儿童活动的价值。倘使这样，成人一定觉得儿童的活动没有什么了不起。我们必须从儿童的计划、创造、机智、观察的观点来判断其价值，须知在成人虽是极熟悉的事情，在儿童是足以引起情绪和思想的。

游戏和工作的真的分别

游戏和工作的真的分别，可以拿习惯上的判别来比较一下。有人说，游戏的活动兴趣在于活动的本身；至于工作，兴趣在于活动完成后的结果。所以前者完全是自由，而后者则束缚于所求的目的。这样对立地讲述了过程和结果、活动和目的，便有不真确与不自然的划分。真的分别不在于兴趣在活动的本身或在活动外表的结果，而在于兴趣在继续前进的活动，或在趋向一个结局而各阶段一线贯串的活动。两者均可谓兴趣在于活动的本身，然而，一则兴趣所在的活动多少是偶然的，起于环境的偶发或别人的授意；一则活动因有所趋向、有所成就而意义更加丰富。

对游戏与工作意义的误解，假使和学校不幸的设施无关，我们也不必坚持有更正确的观点了。但是幼儿园和小学常有截然的分界，足以证明理论的差别影响实际的情形。在"游戏"名目之下，幼儿园的作业变成象征的、幻想的、情感的和武断的，在相反的"工作"名目之下，小学的作业包含许多指定的功课。前者无目的，后者有一个辽远的目的。有目的的意义，亦仅为教育者所领会，而非儿童所深知。

当儿童心智日渐发达的时候，他必求更正确地认识实际事物，必须更确定地了解目的和结果。作为行动的指导，同时也必须获得更熟练的技能来选择并支配各种方法，用以达到目的。上述诸点，应于很早的游戏期间逐渐引进，否则以后必操切地或强制地骤然加入，对前期和后期的学习都是不利的。

想象和实用的
错误观念

　　游戏与工作的严格对立，常和实用与想象的错误观念相联。凡活动之属于家庭邻里的，都以为仅仅是实用的而被轻视。使儿童洗涤杯盏，布置餐桌，从事烹饪，裁制泥娃的衣服，制造真可置物的箱箧，以钉锤自制玩具等，都以为足以损碍儿童的审美和欣赏，失去想象的机会，使儿童的发展困于物质的和实用的范围。反之，使儿童表演鸟兽和父母、子女、工商、武士、市长等的家庭关系，则以为可以使心智自由发展，而可以得到道德上和智识上很大的价值。甚至说，儿童在幼儿园中播种和栽培花草，这些都太偏向于身体和实用的方面，而戏剧式的表演种植、栽培、收获等才可以发展想象力和精神的欣赏。甚至于摈弃儿童所玩的泥娃、列车、小船、机器等玩具，而以立方体、圆球和代表社会活动的符号取代，事物愈不足以代表所想象之用的（如以立方体代表小船），反以为它的引起想象的功能愈大。

　　这种理论，有几点谬误，分述如下：

　　（一）健全的想象并不寄托于虚诞，而起于暗示所引起的心智的认识。想象的运用并非浮游于纯粹的幻想，而须扩充并应用于现实的境界。儿童周围的平凡的活动，在儿童视之并非实用的方法，用以达物质的目的。这种活动对于儿童来讲是一个奇异的世界，充满着

玄妙和希望，充满着他所钦羡的成人的事业。在成人因
视职务为例行之事，而觉得世界的乏味与无足惊讶；在
儿童视此世界，则觉得有社会的意义。儿童从事于那种
活动，亦即运用其想象以构成自己所未有的价值更大的
经验。

（二）有时儿童的反应大部分属于身体的或感官
的，而由教育者视之，则认为象征着伟大的道德上或精
神上的真理。儿童富于戏剧上的模拟能力。在有哲学成
见的成人从表面上观察，好像儿童真的深印着欣羡、仁
侠、忠诚、高尚等这些德行；而在儿童自己，仅发于一
时外表的刺激。要在儿童实际经验以外，象征出伟大的
真理来，是不可能的；即欲尝试，也只奖励儿童一时喜
悦的刺激。

（三）在教育上反对游戏者，即游戏等于娱乐；而
反对有用的工作者，又将工作与劳动相混淆。成人既必
须从事于负责任的劳动，以获得丰厚的经济结果，因此
有肌肉的松弛和娱乐的追求。然而儿童对于工作和游戏
并不如此划分。（当然，未成熟时即受雇于人和受童工
之苦者，不在此例。）在儿童因实用而工作和因娱乐而
游戏，并不视为相反的事。凡引起儿童热心从事的活
动，即活动本身是有兴趣的。他们的生活比成人更统一

和健全。凡因成人工作通常在压力和利益之下进行，便以为儿童也不能很自由、很愉快地从事这种工作的，这种观念是缺乏想象的。决定哪一件是属于功利的，哪一件是不受强制而有创造性的价值的，不是所做的事，而是做事的态度。

三　建造的作业

科学由于职业而发展

　　从文化史上来看，人类的科学知识和专门技能，尤其在较早的时代，皆围绕于生活中的基本问题。解剖学和生理学发源于保持健康的实际需要；几何学和机械学发源于测量土地；建筑和制造学发源于减省劳力的机器的要求；天文学与航海学和纪时有密切的关系；植物学因医药和农事而发展；化学则始于染色、冶金和其他工艺的需求。反过来说，近代工业几乎完全是科学的应用。常规和粗糙的经验一年一年逐渐减少，而代以科学的发明。电车、电话、电灯在社会的交通和控制上，表现着革新的效果，这都是科学的赐予。

学校的作业供给理智发展的机会

　　以上的事实有很大的教育上的关系。大多数儿童富于自动的倾向。学校也设有各种自动作业的课程，如手工园艺和参观各种艺术，然而大致有功利的意义，而不一定为着严格教育的理由。今日教育上最紧要的问题，即如何组织并联系此种学科，用以养成灵敏、持续而有效的"理智"习惯。手工等学科与儿童固有的性能相合（引发他们要做的愿望），这是大家公认的；这种学科提供很好的机会来训练儿童自助和有效的社会服务，这一点大家也逐渐认识到了。更进一层来讲，这种学科可用以提示代表的问题，这种问题用个人的反应和实验的方法来解决的时候，必须用确定的知识，而且引导到以后更专业、更科学的知识。世间本无幻术，可仅从身体的动作和灵巧的手艺中获得理智的效果；手工等学科和其他着重书本的学科一样，也可以循规的"强制的"用传统的方法来教授；但是园艺、烹饪、纺织与初步的木工、金工却可以经适当的计划成为理智的工作，以引起学生对于植物学、动物学、化学、物理学以及其他科学的知识的兴趣，甚至于对实验的研究和证明的方法也产生好感。

　　现在小学课程的繁重已成常见的状态。既然不能回到传统的教育，我们也唯有从各种艺术、工艺与作业中寻求理智的可能性，进而改造现行的课程；将种族的盲目和惯例的经验改为启发的、解放的实验方法。

　　近年来，学校中建造的作业的地位逐渐增高了。这

使"设计"有
教育价值需具
备相当条件

种建造的作业通常名之"设计"。但真要使"设计"有教育的价值，则有几个条件是必须具备的。

第一点应具备兴趣的条件。儿童的活动假使没有情感和需求，假使他致力在他自己不喜欢的方面，则表面上他虽在工作，而他的"内心"可以是厌恶的。但是仅有兴趣，还不足够；有了兴趣，最重要的就要把它引导到目的与行动。这兴趣是暂时的还是持久的？这兴趣仅是一种兴奋还是蕴蓄着思想的？

所以第二点应具备的条件是内心感觉到活动的价值。这并非如我们以前批评过的，是从成人的观点去看活动外表的用处。但是却有这样的意义，就是，仅仅是琐细的活动，除一时表演的娱乐之外，倘没有更远大的效果，应当摒弃的。一方面使儿童很乐意从事，另一方面也表现生活价值的设计，是不难求得的。

第三点应具备的条件（实是上述一点的扩充），就是设计在进行的过程中，应当提示问题，以唤起新的好奇与求知的愿望。一种活动，假使在心理上不能引导到一种新的境界，无论表面上如何满意，也没有什么教育的价值。但除非提示从来没有想到的问题，除非问题能造成求知的饥渴，使能借观察阅读并向专家访问等方法以求得新的知识，则无从引导到什么新的境界。

第四点，一种设计必须给予充分时间，使之能圆满地完成。计划和目的必须有充分实现的可能，使一件事自然地引导到另一件事。如果不这样，就无法达到新的境界。成人的责任在于有先见之明，知道一阶段的成功是否引起另一阶段的工作。作业是有连续性的。这不是不相关活动的连续，而是连贯而有秩序的活动。在这种活动之中，一步一步地进行是先后贯穿，而逐渐完成的。

第十五讲　从具体的到抽象的

一　何谓具体的

"从具体的进行到抽象的"这句话，是教师们所信奉的格言，虽然大家听惯了，却并不完全了解它的真义。很少有人读了或听了这话，就懂得怎样具体的是起点，抽象的是终点，以及怎样进行的过程。有时这话所给予的教训完全被误解了——就是误会教育应当从实物进行到思想——好像应付事物而不包含思想也可以有教育价值的。如此误解，这句格言使机械的习惯或属于感官的兴奋置于教育量表上的低的一端，同时把学院式的和无从应用的学习置于高的一端。

实际上，一切对于事物的应付（即便是儿童对事物的应付）皆在推理之中；事物引起暗示，暗示笼罩事物，因而疑难得到了解释，信念得到了证明。世界上没

有比只教事物而没有思想、只有感官的知觉而不加判断
的事再不自然了。假如我们所谓的抽象是离开事物的思
想，那么它的目的也只有形式，而且是空虚的。因为有
效的思想多少与参照事物有直接的关系。

这句格言的意义，了解和补充，表示着论理的发展
方向。它的意义是什么呢？所谓"具体"，是事物本身
就指出一种意义，显然和其他意义不同，所以是很容易
明白的。当我们听到下列诸字，桌、椅、炉、衣，我们
不必有所反省，直接可得到它们的意义。既直接传达了
意义，也无需再翻译。但有些事物和名词的意义，我们
要获得的时候，必先想到我们所熟悉的事物，再把所熟
悉的和我们所不明白的相连而求其中的关系，然后能了
解其意义。简单地说，前者的意义是具体的，后者的意
义是抽象的。

凡对于物理和化学极有研究的人，看着"原子"
"分子"等名词觉得很具体。这种名词因为已经用惯
了，所以用不着运用思维了解它们的意义。可是普通的
人或是科学的初学者，必先想到他们已熟悉的事物，然
后经过一个慢慢翻译的过程最终了解。而且，假使已熟
悉的事物和新奇事物的关系不留存了，那么"原子"
和"分子"这种名词的意义虽获之颇难，也就很容易

直接和间接意义的关系

有赖于个人知识的程度

遗忘。任何学术名词，如代数学中的"系数"和"指数"，几何学中的"三角形"和"方形"（此指几何中的意义和普通的意义不同），经济学中的"资本"和"价值"等名词，都是这样。

这种差别是和个人知识上的进步完全相关的。在个人发展的顺序中，一个时期看的是抽象的，到了另一个时期便成具体了；相反的，人们以为这是极熟的事，也会包含着新奇的成分和不可解决的问题。大概说来，哪一个在熟知的限度之中，哪一个在熟知的限度之外，也存在一种界线。这种界线使具体和抽象有相当永久的划分。熟知与否的限度大致以实际生活上的需要而决定，如木料、砖石、肉类、山薯、房屋、树木等，因为我们在生活中必须计虑及之，所以为环境中经常相接之物。就为这个缘故，它们的重要意义极易学习，而它们的意义也渐与事物相混而不可判别了。我们与事物时常接触，即很熟悉，对于它的奇异和疑难之点亦皆消除。因社会接触的实际需要，使成人对于赋税、选举、工资、法律等名词亦有同样的具体观念。如庖人、木匠、织工的用具之意义，我个人虽不能直接领会，然亦无疑归类于具体中，也因这种用具和我们普通的社会生活有直接的关系。

对比地说，所谓抽象，也就是"理论的"，是和实际的事物没有密切联系的。思想家把实用置诸不顾，离开了人生上的应用，去很自由地运用抽象的思考。然而这仅仅是消极方面的说法。从积极方面说，除去了实用和应用的关系，所留存的是什么呢？很明显的就是"求知的自身是一种目的"。科学中许多观念都是抽象的，不仅仅是因为在科学中没有长期的训练不易明白（在艺术中的专门事项也是这样的），也因为其意义之整个内容的组织，纯为便利于更精深的知识、思考和臆测。所以，假如思维用为一种手段去达到一种目的（超乎美、善和价值之外），便名之曰具体；假如思维只用为一种手段去引发更深的思维，则名之曰抽象。理论的思想家承认一个观念是适当的，是自我满足的，只要它能引起思想，而得到的结果也是思想。但在一个医生、工程师、艺术家、商人、政治家，则必须能运用思想来促进生活的幸福，如健康、财富、美、善、成功等，思想才算完整。

思维上手段与目的的关系

大多数人在普通环境之下感受实际生活的压迫，他们的主要任务就是将日常生活中的工作处理严当。凡事情仅在思想方面是重要的，在他们看来，便不切实际且不自然。因此，重实行而有所成就的人往往轻蔑"纯

纯粹理论的贬视

粹理论家", 而深信事有理论上好像很高明而不切于实际者。他们用到"抽象的""理论的""理智的"等名词, 都含有贬视的意义。

这种态度自然在某种环境之下是对的。但常识上认为的理论的贬视并不代表完全的真理。就是从常识的观点说, 也有所谓"过于实际", 以致眼光短浅而只注重近功速效的。理论与实际只有程度上与适应上的不同, 并不能绝对划分开来。真正实际的人, 对于一个问题, 一定能够做自由的思考, 而并不计迫急的近功。思维困于功利上, 则狭隘了思维的范围, 结果也得不到功利。把思想用太短的绳子缚牢在功利的柱上是不值得的。行动的力量需要远大的眼光, 而远大的眼光必须要有想象的能力, 要不就会受常规和习惯的限制, 至少必须有为思维而思维的兴趣。要从实际生活里解放出来, 而使它丰富而前进, 必须有为知识而求知识、为思维而思维的兴趣。

现在回到教育上"从具体的进行到抽象的"这句格言, 需要注意其中的三方面。

从实际的活动开始

（一）"具体的"指思维应用于应付实际困难的活动。所谓"从具体的开始"便指在学习中新经验的起头, 应该着重儿童已有的经验; 如果可能, 应该把新教材与儿童实际活动中的目的相关联。单增加感觉，积聚实物，不算"依照自然的顺序"。数目的教学并不因为用了许多豆、木片和点便算是具体的，只要数目关系的使用能够清楚地了解，那么即使仅用数字，数的观念也是具体的了。哪一种符号在什么时候用得最好，积木线或图形，这全看适应得如何。如果在数目、地理或任何学科的教学上，实物的使用并不能使儿童了解实物的意义，则与诵习定义规则是一样不明了的。因为这使儿童只注意实物刺激，而不注意于观念。

以为实物放在儿童面前，便自能把观念印入他的心里，这几乎等于一个迷信。"实物教学""感觉训练"，在教学法上，比以前专用文字符号当然是显著的进步。可是这进步也使人忘却它只达到一半的路程。实物和感觉，只有在儿童能够使用它们以发展身体、指导行动，才有助于发展。儿童连贯的活动（作业），当然包含实物、工具和力的使用，而要求他想到它们之间的相互联络以达到自己的目的。至于实物的单独提示，则还是呆板的，无意义的。几十年前，初等教育进步的大障碍，是对于文字符号在训练心智上有神效的一个信念。现在呢，对于实物神效的一个信念固然是"较好"了，可也还是进步的障碍。"较好"是"最好"的敌人。

转移兴趣于理智的题材

（二）实际活动中对于求达结果的兴趣，应当逐渐转移于事物，对它们的性质、结构、原因、结果的研究。成人在日常职业的工作上，除行动的必要以外，很少能够以时间和力气自由地用在所应付的事物的研究上。儿童的教育活动，应该这样安排：使他对能引起他注意的与此活动有间接的理智关系的事物的研究。例如对于木工的兴趣，应当逐渐转移到对于几何与机械问题的兴趣。对于烹饪的兴趣，应该发展为对于化学实验和生理卫生的兴趣。对于图画的兴趣，应该发展为对于配景的表现、执笔、配色等技巧的兴趣。"从具体的进行到抽象的"，这"进行"代表着一个发展，代表着这过程中积极教育的部分。

养成思维的喜悦

（三）抽象的是教育所要达到的结果，这是对理智问题自身的兴趣，是为思维而思维的喜悦。起初是为别的目的而进行的偶然活动，后来变成自身的目的，这是很寻常的事。思维与知识也是这样的：起初只用来达到实际活动中所求的结果，后来自身变成所求的结果了。儿童起初在实际活动中自由地继续从事于观察和试证，这样引起的思维习惯渐渐增加，终于使他感觉到思维具有自身的价值了。教师的一种任务在于引导儿童从"行"的方面转移到"知"的方面，而发展他的对于观念与观念的相互关系的兴趣——真正抽象的能力。

二　何谓抽象的

第六讲中所举三例，代表从具体的到抽象的上升的
进程。第一例，思维仅为准时赴约，那显然是具体的。
第二例，解释船的一部分的构造，则介于具体与抽象之
间。那长杆的安放和位置，原是实际的；设计者的问题
在如何帮助船的驾驶，那纯乎是具体的；但渡船上的过
客，要解释那长杆的意义，却与他的到达目的地无关，
他的问题便是抽象的了。第三例，则是严格的抽象的思
维。水泡的出现和动作引起了理智的好奇，而思维要说
明这看似一个既定原则的例外现象——这与物质困难的
应付或目的与手段的适应毫无关系。理智的手段只准对
着理智的目的了。

从具体的转变
到抽象的之例

不过，我们应当注意，抽象的思维虽可成为目的，
却不是全部的目的。抽象的思维虽从实际事务的思维发
展出来，却不是后者的替代。教育的所求不在于毁坏那
克服困难、利用手段达到结果的实际思维，而以抽象的
思维为替代，抽象的思维也不能说是高于实际的思维。
只有并用两种思维的人，才高于只用任何一种思维的

抽象的思维不
是全部的目
的，也不是多
数人所喜欢

人。一种教育方法，因养成抽象的思维而减弱具体的思维能力，比之于另一种教育方法，只培养实际计划、安排、预料的能力，而不能取得为思维而思维的喜悦的，同样不能完成教育的理想。

教育者也得注意到很大的个性差异，而不谋强纳儿童于一个模型。大多数人认为，执行实务的倾向只为行动与成功，而非为求知；而思维的习惯支配了他们的一生。在成人中间，总是技师、律师、医生、商人多，而科学家、哲学家少。教育虽期于使职教的成员都有一点学者的态度，然而我们没有充分理由来强分两种思维的高下，而必使具体的思维化成抽象的思维。以往学校教育，就因过于重视抽象的思维，而阻碍大多数学生心智的多方面发展。而所谓"文化教育"也常只产生专门的学问上的思维，而不切于生活的实用。

教育的目的在取得平衡

教育的目的在于取得两种心智态度平衡的交互作用；重视人们的个性，而不压抑他们特有的思维能力。倾向于具体方面过强的人，应该解放心思，在实际活动中觅取发展好奇求知的兴趣的机会。否则具体的便成为狭隘的、窒息的了。求知的少数有抽象思维的喜悦的人，应该应用观念在符号表示的真理上，增加它们实际使用于日常社会生活的机会。任何人的两种思维能力都同时具备，两者如得到平衡的交互的发展，则人生的效率提高，幸福感也随之增加。否则抽象的便成为书本的，变得学究了。

第十六讲　语言文字与思维训练

一　语文是思维的工具

语言文字和思想有特殊密切的关系，需要特殊的讨论。"Logic"（论理，思想法则）这个单词从"Logos"而来，原意是语言、文字，也是思维、理性。可是"文字，文字，文字"，徒然表示理智的空虚，思想的假学校以语文为主要的工具，也常作为主要的教材。历来教育改革者对于语文的应用都提出最严厉的抗议。然而一方面，语文固然可以貌袭思想；另一方面，语文也可以说等于思想，这里实在有一个问题。

关于语文与思想的关系，有三种具有代表性的说法：（1）它们是相同的；（2）语文是思想的外形，虽然不是思想必需的，但思想必有这外形才能够表达；（3）语文虽不是思想，却为思想所必需，思想可以由

思想与语文的
关系三说

之而传达。我们采取的是第三种说法。不过我们说语文是思维所必需，我们所谓语言不只包括语言和文字，凡姿势、图画、表情等这些用来作为符号的，都算是语言。所以说语文为思想所必需，等于说符号为传达意思所必需。思想所应付的不是单纯的事物，而是事物的意义；意义要能够了解，必须放在一种可感觉的形体中。如果没有意义，事物便成了盲目的刺激；如果不附着于一种形体，意义也便是无形的东西。专为确定和传达意义的一种形体，谓之符号。假使一个人把另一个人推出户外，他的动作不是符号。但，假使他用手指着门户，而说"出去"，他的动作自身是没完成的，那就是一种符号了。关于符号，我们不管它们自身是什么，而只管它们代表的是什么。Canis、Hund、Chien、Dog（狗）什么都可以用的，只要意义可以表达出来。

　　自然界的对象是别的事物的符号。云是雨的符号，足迹是敌人的符号，岩石是矿藏的符号。然而自然的符号有着很大的限制。一则直接的感觉刺激常会对于意义的注意分散；我们以手指着食物给小猫看，而它反看着我们的手指，不看食物。二则只靠自然的符号，我们便只听命于自然界的变动，而不能预防或推测。三则自然的符号本非有意为符号，所以粗糙而不灵便；至于人为的符号，则像人为的任何器具一样，是创造出来专为传达意义的。

所以思想一达到高度的发展，就不能没有人为的符号，而语文是最适于此要求的了。姿势、声音、口语或印刷的文字是物质的形体，其自身的价值全看它们能够表示的意义的价值。在表示意义上，这种人为的符号有以下几个优点：

（一）微弱的声音、细小的文字不会分散对于所代表的意义的注意，因为它们自身是很少值得注意的。

（二）它们的创造受我们的控制，要什么可以造什么。我们造出"雨"字来，就不必等到自然界有雨才引起雨的思想。

（三）它们是简便而精巧、易于处理的。只要我们生活着，呼吸着，我们以喉舌、口腔、肌肉的变化而变化声音的量与质，是轻易的。身体的姿势比起语音来，便笨重得多，因此我们以语言为主要的理智的符号。可是语音虽然灵便，却又容易消灭，而只能存在于一时。等到文字创造出来，才弥补了这个缺陷。Litera Scripta manet （文字是永久存在的）。

记得意义和符号的密切相联，我们可以更详细地说明：（1）语文与个别的意义；（2）语文与意义的组织。

关于个别的意义，语文符号的作用是：（1）选择和分辨，否则整个意义将含混模糊；（2）保存和记录；（3）应用于别的事物的了解。用比喻来说，语文符号像一道墙垣，一个标记，又像一辆车子，这三种功用合而为一。

语文选择保存而应用个别的意义

（一）文字像一道墙垣

凡含糊空洞的观念，有了一个适当的名词，就清晰而易辨了。意义有时是没有确定形式的，像是意会了却不可以言传。一有了文字的表述，它的界限便确定，内容便完整了。诗人爱默生（Emerson）说，他不要知道事物的本身，宁可知道诗人给它的正确名词；他的心里大概就想着文字的这种神奇的功用。小孩子喜欢学事物的名词，也表示意义对于他们逐渐具体化、个别化，而他们和事物的关系从物质上转到理智上了。野蛮人奉文字为神圣，所以不足为怪。有了名词，事物便不只是物质的存在，而有了永久的意义。知道了人和物的名称，并且能够使用，野蛮人像占领了它们的价值一样有了一种尊严。

（二）文字像一个标记

人物的生灭无常，我们对于事物的直接关系有限。自然界的符号更限于当前的接触，至于文字所确定下来的意义，则可以永久保存，备为后用。即使没有那代表的事物，而有了它的文字符号，便可发生它的意义。理智的生活靠着意义的丰藏，文字保存意义的功用，重要性自不必说。当然，储藏不完全能防腐，文字也常蚀坏了原来的意义。但是腐坏的可能，原是生物对于生存特权的代价。

（三）文字像一辆车子

意义确定了，保存了，便可以转移使用于新的情境。这转移应用是一切判断和推论的关键。一次看见云而知道一次雨的预兆，下次便须重新学过，这还有什么智慧的增长？只靠经验造成物质适应的习惯，则旧经验怎样能有意应用而预料和指导新经验？要能从旧的推想到新的，必须使旧事物虽成过去而它的意义还是留存。语文就像流动的车辆，将意义从已有的经验转运到未来不定的经验里去。

语文是组织意义的工具

前说语文符号和个别意义的关系，还没有说到意义的组织，这两者是同样重要的。文字不但确定个别意义，也联络许多意义，进而表示出它们的关系来。单字不只是单字，而能够联络成句子。我们说"那本书是一部字典""那天空的光是彗星"，我们在表述一种论理的关系，即分类和定义的作用，超越了物质的个别的东

西，而达到类别和属性的论理关系上去。命题（句子）
之于判断，犹单字之于意义。单字构成句子，句子构成
连贯的表达。语法或文法表示一般心理的非意识的论
理。我们的普通话给我们构成了思想常用的理智的分
类。在说话时，我们并没有意识到在使用这种理智的分
类，我们已完全习惯于这种论理的辨别和组合了。

二　语文在教育上的误用

　　"教事物，勿教文字"或"先教事物，后教文字"，
这种格言若照字面上的意思而拘执了，便等于否定了
教育。因为它把心智的生活化成单纯的物质的、感觉的
适应了。所谓学习，正确地说，不在于学习事物，而在
于学习事物的意义，而这过程是必然包括符号（语言文
字）的使用。同样，有些教育改革者对于符号教学的攻
击若推到了极端，也便等于毁灭了理智生活。因为理智
生活存在于定义、阐述、概括、分类等作用之中，而这
些作用只有使用符号才有可能的。然而那些教育改革者
的争论也不是没有理由，实在是因为语文误用的弊害和
它善用的利益，正是成着比例的。

　　如前所说，符号自身是物质的、可感觉的、个别的

单教事物无异
于否定教育

符号的限制和
危险

东西，是要靠它们所暗示、所代表的意义，而后成为符号的。

第一，任何人对于符号所得的意义，全靠他已有这种意义所涉的情境的实际经验。文字之所以能够抽象地保存一个意义，全靠人们已有这种意义所涉的事物的实际接触。若脱离了事物的关系，而徒以文字来替代意义，那就剥夺了文字的"意义"了。许多教育改革者所反抗的，就是这一点。至于假定有了语文的反应，便表示获得了确定的观念，也是一种错误的倾向。因为，事实上，成人和儿童都会使用自己了解得最模糊的语文上最正确的公式。真正的愚昧，还有些可取，因为它带着虚心和求知；独有貌似的聪明，背熟了流行的名词、口号，念会了现成的公式、命题，便以学问自夸，而把心智涂上一层油漆，使得新思想再也打不进来，则最为危险。

第二，文字的新联络，虽然没有实际事物的关系，也可以供给许多新的观念，但这是有它的限制的。人们因为怠惰，容易接受流行的观念，而不去亲自探究和证明。他们运用思维只去找寻别人的思想，那就完了。这样，文字里所包含的思想成了自己思想的替代了。在教育上，因语文的误用，使得人们的思想滞留于过去的成绩，而不求新的试探和发明；使得传说和权威超越了自然界的事实和定律；使得个人靠着别人的旧经验，过一种寄生的生涯，这些都是教育改革者所反抗的。

第三，原来代表观念的文字，用久了只变成一种筹码，变成可以不了解意义而依照呆板规则去使用的东西。斯托特（Stout）称之为替代的符号。他说："代数和算术的符号，大部分只是一种替代的符号。这种符号，只要从其所象征的事物的性质中阐述了确定使用的规则，便可以不再参照事物而单独地使用了。文字是思想及于所表示意义的一个工具；而替代的符号是'不'思想及于所表示的事物的一个工具。"其实，他这原则一样适用于文字的。文字也使人"不"思想而能够使用意义，求得结果的。在许多方面，以符号为"不"思想的工具原是有利益的；为的它表示了熟悉的，而使我们能集中注意于新异的。可是学校里过分重视表面的结果（见第四讲），过分重视文字反应的技能，就把这种利益也变成了弊害。只讲求文字的背诵，只要求对答的正确，只沿用呆板的公式，便使学生养成机械的态度而不再思维，文字的记忆替代了意义的寻索。这个危险，是一般教育改革者最关心的。

三 语文在教育上的善用

语言文字与教育有二重的关系。一则它是在教学与训导上不断地使用的；二则它自己是一个学习的学科。我们所要讨论的只是第一重关系，因为语文的日常使用影响思维习惯最深。至于语文学科的学习，不过使语文的意义更加深刻而已。

寻常说"语言是思想的表现"，这话只说了一半真理，而且极容易把人引入歧途。语言虽然表现思想，却非原来如此，也非有意如此的。语言的第一的动机，是通过表现欲望、情绪和思想来影响别人的行动。它的第二个功用是借以和别人有更密切的社交的关系。它的第三个功用才是专为思想和知识的表达，而这个功用，比较是后见的了。洛克也曾解释文字的两种功用，称为"社交的"和"哲学的"。"前者指文字可以传达意思，借以维持日常的谈话和沟通。后者指文字可以表述事物的精确观念，借以发抒真理"。

教育要使语文化为理智的工具

语文的"实际的"与"理智的"两种功用的辨别，有益于了解教育上语文的问题。这问题便是：怎样引导儿童语文的反应，使得原来为实际社交的工具变成有意地发表知识，帮助思维的工具？怎样不阻碍他们自发的动机（语文的活力、新鲜、变化都靠着这种动机），而能够改变他们的语文习惯，使成为准确而灵活的理智工具？要奖励儿童自发语言的流畅而不去把语言化成思维的工具，那是容易的。要阻挠或毁灭他们对自然语言的兴趣而规定形式的表达法则，那也是容易的。问题的困难就在于怎样转化"日常谈话"的习惯为表述"精确观念"的习惯。这种转化的成功需要：（1）扩充儿童的语汇；（2）确定名词的意义；（3）养成连贯的口语表达的习惯。

（一）扩充儿童的语汇

这当然要人事接触得广，也间接地要见闻的文字多。无论怎样，把握一个字的意义，要使用自己的智慧，要有智慧的选择或分析，才能增加以后能够应用的意义或概念。我们寻常把一个人的语汇分为主动与被动，后者是听到或看到而了解的字，前者是自己能够自由使用的字。被动的语汇比主动的语汇要多得多，这表示个人所没有能够利用的部分，他便只靠外部的刺激，而缺乏自己的独创了。这种情形多少也是教育的结果。很小的孩子，是什么新字都抓来使用的；等到读书的时候，字汇大增，就没有机会使用了。它的影响，即使不是儿童心智的窒息，也至少是一种抑压。而且凡不能主动使用以传达意思的文字，它的意义也永远不会明确、完全。文字的意义是要使用才会确定的。

语汇的小，固然由于经验的狭，也由于自己的疏忽和含糊。懈弛的态度，使人不肯费心力理解意义上的辨析。松懈含糊的说法，几乎使得什么事物都是一个"你叫它什么"的疑问，而思维也永不会精确。凡与儿童接近的人的语汇的贫乏，凡儿童读物内容的单薄，都会使他的心智趋于狭隘。意义的正确辨析，在学术名词尚且是要紧的，熟练的工匠辨别一辆汽车的各部分也要用它们正确的名词。所谓语汇的简单明白，是指它的可以了解，不是指它的贫乏含糊而迟转于小孩子的说话。

我们也要注意文字的流畅和语言的娴熟有很大的分别。话说得多，不一定表示语汇的大；许多话语尽可以旋转在一个小圈子里。多数学校，除书本以外，物质材料的供给很少，而书本也十分浅薄，以致没有对语汇丰富的要求。学校里学习的语汇又与社会所用的观念和文字没有有机地联系，以致即使语汇有增加，也只增加了所谓被动的或静止的成分。

（二）确定名词的意义

要使文字和概念更加丰富，一种方法是辨别意义的参差，或者说确定名词的意义。意义的确定和语汇的扩充是同等重要的。

名词的最初的意义，由于对事物的认识不深，常是笼统的、含糊的。小孩子看见人都叫"爸爸"，看见马便叫"大狗"。他只注视到数量和强度的相差，而没有审察名词所代表的事物的分别。就是成人，看着树就只是树，或者能分别落叶树和常青树，再认识每类的几种树，也就算了。这种笼统、含糊容易持续下去，变为思维发展的障碍。意义混杂的名词至多不过是笨拙的工具，而它们使应该辨别的事物因此混淆，那就有害处了。

名词的意义由含糊变成明确，是向着两方面的发展。一是代表事物的关系；二是代表个别的特质。前者是与抽象的思维相连；后者是与具体的思维相连的。澳洲土人的部落，对于所知的各种动植物，都有个别的名词，却没有"动物""植物"两个名词。语汇的繁细固然是确定意义上的进步，然而只是一面，他们的语汇还没有能够表示出个别事物的关系来。反之，初研究哲学、科学的学生也会只积聚许多表示关系的名词，如"因果""法律""社会""个人""资本"等，而缺乏表示个别特质的语汇。

在语言史上，文字意义的上述两方面的发展是有许多例证的。有些字原义很泛而变成了很狭；有些字原指个别的，现在却指关系上的共同了。例如vernacular这个词，从verna （指在主人家长大的奴隶）而来，现在却推广引申了，意指本国语。Publication原意很泛，指一切语言交通，现在却限制于印刷物的意思了。Average这个词，现在意义是平均，而原意很狭，是指翻船者分担他们的损失。

这种语言史的变动能够帮助教育者了解：名词的意义随着个人理智的发展而有变化。例如几何学里"线""面""角""方""圆"等名词，学生学习了，能使它们的意义狭和广；"狭"便只用于几何推证中确定的意义；"广"则可用以表示平常用法以外的关系。说到这种关系时，颜色、大小、质量便不问，而只限于一种方向上的关系，"线"这样就不指"长"的观念，而代表一个类化的观念了。各种学科的语汇，都有这种变化。以前说过的，这里也就有一个危险，就是只于日常的意义上附加了一层新的、与实际隔离的意义，而不能把日常的意义转化为论理的概念。

有意使用得正确而表示一个完全的名词，谓之"术语"。在教育上说，名词成为术语是相对的，而不是绝对的，是因为有确定的意义，而不是因为有诡异的形式。平常的名词，只要有意用得正确，也就具有术语的质量了。思想愈精确，术语愈增多。不过教师们对于术语的使用也有两派极端的意见。一派，尽量增加术语，好像学生学会了一套专门名词，加上文字的说明或定义，便等于获得了一套新观念了。另一派，认为文字积累是无用的，反而会变成足以窒塞判断的聪明，就主张屏蔽术语而不用，专用通俗的名词——这对于文字冒充观念的厌恶是很有理由的。可是根本的问题还是在观念，而不在文字。如其观念是把握着了，用正确的术语可以固定了这观念；如其观念没有把握着，那么即使使用通俗的名词，这又有什么益处呢？不过有高度正确性的术语，总以缓缓地逐渐使用为宜，每次用几个而用得要慢，便能十分注意到能使它们意义明显的具体情境。

（三）养成连贯的口语表达的习惯

我们已说过，语文不但选择和固定意义，并且联络和组织意义。每一意义属于一个情境，每一个字也属于一个句子（一个字有时自身也可以成一个句子），而每一个句子又属于一个故事、一段描写或一次推论的过程。关于意义的必求连贯而有秩序，这里无须再加复述。以下略述现在学校教学的方法足以阻碍连贯的语言表达，因而阻碍系统思考的几点：

（1）教师独占说话的机会。许多教师，如果每日终了，想一想自己说话和学生说话的时间的比例，应该觉得骇然。学生的说话常限于答问时的简短的成语或断续的句子，详论和细解都是教师自己担任。学生方面，答语还没有说完，只要有一点暗示，教师便立即接受了，而替代他，并补充他的意思。这样养成的片段的和不连贯的口语习惯是很有害于思维贯彻的。

（2）指定简短的功课，而于授课时间只进行琐细的"分析的"问答，也有同样不良的影响。在历史、文学等学科中，弊害尤深。教材大概是分段又分段，以致全部意义的统一性和了解所需的背景都毁灭了，所余的就是不相连贯的片段的堆积，再也看不出有什么高低轻重之分了。教师自己常不觉得，这种教材的统一性只存在于他自己的心里，而学生所得的只有片段了。

（3）专注错误的避免，而顾不到思维能力的发展，也足以阻断连贯的口语表达。儿童有时开始说话而愿意说得很好，无奈教师寻瑕索疵，使得他惴惴于自己或有的错误。于是，应该用在思维上的气力，都移用于免除错误或被动地掩蔽错误上去了。这种情形，在作文里，尤其显著。教师们要儿童专写琐碎无关的题目，简单而简短的句子，说是这样可以减少写作的错误。中学和大学里，作文的教学技术常变成一种侦查错误的技术。学生因为拘束和不安，什么写作的热忱也没有了。要说什么话，怎样说得好，这种表达思想的兴趣也干涸了。被迫而说话和自己有话要说，这两者实在有很大的不同。

第十七讲 思维训练中的观察与知识

　　思维是为了发现事实（材料）的意义而进行的材料的整理。思维不能离开材料的调整，就像消化不能离开食物的吸收。所以教材怎样供给和怎样吸收是基本的重要问题。教材的繁简失当、秩序紊乱都会妨碍思维的习惯。如果学生会适当地自己进行观察，或由他人（以书本或语言）适当地进行知识传递，则论理训练的胜利已一半取得了。因为观察和知识传递是获得材料的途径，而其进行的方法则直接影响到思维的习惯。这种影响在不知不觉地发生，所以是深刻的。最好的消化也可能会被不良的食物、饮食的失度失时和不均匀的分配所损害。

一　观察的性质与价值

观察自身不是
一个目的

　　前讲说到反抗语言文字过用误用的教育改革者，都主张儿童自己进行直接的观察。这些改革者认为文字的过重剥夺了儿童和实际事物接触的机会，所以要取感觉经验以代之。在热烈的情绪中，他们不暇问观察是怎样，为什么有教育价值的，因此他们误以观察自身为目的，误以任何条件下任何材料的观察为教育，也就不足深怪。还有以为儿童心智能力发展的顺序是先感觉，其次是记忆想象，最后是思维，也表示观察孤立性的观点。从这观点看，观察是专为供给将来思维上所需的原料。而我们前面早指出，简单具体的思维陪伴着我们一切不在物质平面上的对事物的相互关系，也就已够显示上述观点的谬误了。

人人有类似好奇的欲望，求扩充他们对人物接触的范围。美术馆的门口贴着禁止携带手杖和阳伞的文告，这证明单看一看是不够的，非有直接赏会的机缘，不会有亲切接触的感觉。这种充分亲切的观察殷求与为观察而观察的兴趣是全然不同的。它的动机是自我扩充、"自我实现"的一种欲望。这兴趣是社会生活和美感的同情，而非知觉的。因为儿童的实际经验少而可能的经验多，儿童们是最富于这种兴趣的；但成人中间没有被习惯的生活磨钝了这兴趣尖锋的，也还是有的。这种同情的兴趣把无数零乱的、片断的，且不能发生理智作用

扩充接触范围的同情的兴趣可以推进观察

的事物联络了起来；结果，固然只是一个社会生活的和
美感的组织，而不是有意的理智的组织，可是也就供给
理智探求以机会和材料了。有些教育者主张小学的自然
课应该先培养儿童对于自然的爱好和欣赏，而不需要过
于注重分析的研究。又有些教育者则竭力着重动植物饲
养培植的活动。这些重要的建议都从经验得来，而非从
理论出发，可是和我们上述的论旨是很相符合的。

行动中的需要
可以推进观察
感觉训练说的
错误

　　在常态的发展中，分析的观察全起于采取手段以达
到目的的行动中的迫切需要。凡人在智慧地做事的时
候，除非是惯例的事，要求事的成功，不得不使用眼、
耳以及其他感官，以为行动的引导。感觉没有灵敏的使
用，连游戏也不可能。在工作里，材料、工具、失败、
成功，必须严切注意。感觉是为做事的成功而使用，绝
不是为训练而使用的。虽不是为训练而在做事中所得
的，却是最经济和最彻底的训练。至于以往教师所用以
训练感觉的各种方法，如写了字（甚至无意义的字），
排列了几何图形，要学生一看以后便能复现那些字和
形。在视觉的敏捷，字形的记忆上，虽常能使儿童获得
很大的技巧，而这些方法偶尔当作游戏是有益的，若与
在木工、金工、园艺、烹饪、动物饲养等作业中所得的
眼和手的训练比起来，便远不及了。那种孤立的无意义

的练习，没有理智的蓄积会遗留下来。即使获得技能，而这种技能也没有多少转移应用的价值。批评感觉训练的人说，许多人能够复写出字体图形，而不能够正确记忆钟表面上的形数排列，认为感觉训练的功夫还没有做好，这话更不对。因为人们看钟表，原为要知道时间，只要知道时间是四点钟，无须再问钟面上的符号是Ⅲ或Ⅳ。如其要注视这些小节，反而是浪费时间了。所以，在观察的训练中，行动目的与结果的问题是最重要的。

随着实际的反省的进于理论的反省，观察也发展到了科学的平面，这在第六讲中已经说过了。问题的解答渐渐地要求观察对准有关问题的事实，而不仅对着有关实际目的的事实。而在学校里，观察失却理智的效用，就是因为学生缺乏用观察以确定而解决的一个问题的感觉。这种孤立观察的弊病暴露于全部的教育中，从幼儿园以至大学，没有例外。到处把观察当作完全的、最后的、自身的目的，而不把它当作搜集事实、试证观念，以解答问题的方法。并且，观察也因没有目的的引导违反了正当理智的方法。

在幼儿园里，几何形、线、面、立体、颜色等的观察是堆满了的。在小学里奉着"实物教学"之名，事物

理论问题的解答可以推动观察

的形状与性质，苹果、橘子也好，粉笔也好，是随便拿来观察的；奉着"自然研究"之名，树叶、昆虫、岩石又是随便拿来观察的。在中学、大学里，实验室和显微镜下的观察更是不断地进行，仿佛所观察的事实的积聚和仪器使用的熟练便是教育的目的了。

科学上的观察　　拿这种孤立的观察和科学研究上的观察比一比吧。杰文斯说，科学家的观察"只有受着试证臆说的希望所引导的"，才为有效。又说："可以观察和实验的事物，是无穷的；如果没有确定的目的，而徒然记载事实，则这种记载并无价值。"严格来说，以上第一说还嫌狭隘。科学家的观察并不专为试证臆说，也为确定问题或发现问题以为臆说构成的引导。可是杰文斯的主旨在说科学家从来不以积集观察为其自身的目的，而只把它作为达到理智的结论的方法，这主旨是绝对正确的。教育家对这点没有充分的认识，则所谓观察始终只是乏味的机械作业，或没有理智价值的技术训练而已。

二　教育上观察的方法与材料

观察在思维训练中怎样能够发挥它正当的功用，现

　　在学校里所施行的最良的方法也给我们不少的暗示。有
三点，值得说一说。

　　　　最好的方法，把观察认为是一种活动的过程。观察
是探索，是为了发现未知未显的事物，以达到一种实际
或理论目的的考索。它不同于已知已显的认识。已知已
显的对事物的认识原为探索中不可缺的因素，然而是比
较机械的，被动的观察则需要机警、灵敏、积极的搜寻
和自动的探究。寻常以为事物的显现于感觉，正如字迹
的书写在白纸上、以为印象的摄受于心智，正如图影的
投射于照片上。这种看法曾大有害于教学，而也就由于
不能辨别认识和观察所致的。

一　观察应包含自动的探究

　　　　关于观察材料的选择，我们可以从小说戏剧中"构
局"所引起的紧张期待的兴趣得到许多暗示。为什么人
们对于小说戏剧有机警的观察，这是因为其中有已知未
知和新与旧的精巧的综合，而引起了迫切的期待。听人
说故事，屏气敛息地等着下文。事情的发展，有几个可
能，我们要问："后来到底是怎样的结局？"你把儿童
对于故事里重要情节的自然而充分的注意，和他对于静
止观察的艰难而随便的情形比较一下，便明白了。

二　观察应引起结局期待的兴趣

　　　　儿童做具体的事情（只要不是机械的，惯例的），
也一样有这紧张的注意。结果是期待着的，为成为败，

何时何种都在不定中。那"构局"的兴趣是浓厚的。建造的手工作业会得到儿童对于工作条件和结果的殷切观察，就是这个原因。教材的比较不涉人事的也未尝不可利用这个原则，动的比静的总容易吸引注意，这是一句常谈了。可是学校中所用的观察教材常是死的、静的，没有了生命和戏剧般的兴趣。当然，单是动，单是变化，也不够，它们能刺激观察，不能就引起思维。要像小说和戏剧一样，动和变在一定的顺序"构局"里发展出来；每一变动使人回顾到前一变动，期待着后一变动，这样才能帮助思维习惯的养成。

生物的观察最能满足这个条件。凡有生长，即有动和变，也有一定的动和变的顺序。前者刺激思维，后者组织思维。儿童对于播种以后，观察其发芽、抽条、一步步地生长，所以感着兴趣，就为它是展现在自己眼前的一幕戏剧，每一步的生长和那植物的命运是有关的。近年，动植物学的教学上的大进步，就在于把动植物看作活的东西，能动的东西，而不是死的标本。如果把它们看作死的标本，则观察也只有死的分析（定名、分类、列表、记载）。

对事物的静的性质的观察原没有重要的地位，但主要的兴趣如属于它的"机能"（function），则对它

"构造"（structure）的观察也就有了动机了。对于活动的兴趣，无意地会转向到活动的由来；对于变化的兴趣，会转向到什么器官在变化。倘使一开头便是形态、大小、颜色、部位的解剖分析，那便是死的、呆板的教材了。儿童知道了动物靠肺来呼吸，便自然地要寻求植物的呼吸器官。如果把这构造的观察和机能功用的观察分开，则儿童便厌恶这种观察了。

最初为实际需要或视听娱乐而进行的观察，最后变为为理智目的而进行观察。儿童应该学习：（1）为发现疑难而进行他们的观察；（2）为引起观念而进行他们的观察；（3）为试证观念而进行他们的观察。

三　观察应变成科学的性质

总括一句话，观察要变成有科学的性质。也可以说，观察要循着从外延到内含的律动。从宽泛的事实的搜集到选择少数事实的深究，问题应该渐确定，而暗示的解释应该渐有效。宽泛的观察给予学生以对研究事物的真切的感觉，使他知道事物的各种关系和可能，使他有许多材料得以想象而化为观念，所以是必要的。但要限制问题的性质，求得试证臆说的条件，则精密的观察是必要的了。如果这二者有所偏废，则前者以肤浅散漫而不能控制理智的发展，后者以专门深邃而不能激发理智的兴趣。所以，在生物科学里，野外研究和自然观察必须与实验室里显微镜下的观察交互进行。在物理科学里，选择的实验的事物研究，必须有自然界中光、热、电、重力等寻常现象的观察作为准备。这样，学生可以得到科学上发现与实验的方法技术，而同时保持他实际生活的感觉，知道实验室里所研究的也即是自然的实际，并不是学校的特有问题。不过，科学的观察也不排斥实际需要或视听娱乐的那种观察。后者的观察，因为它对于文艺、绘画、音乐等的贡献，而变成艺术的观察了。世间喜欢看、喜欢听的人，还是最好的观察者。

三　知识的传递

一切说完了，做到了，我们还得承认，任何观察者所能达到的范围到底是狭窄的。我们每一个信念里，即使是亲自经验所得的信念里，无意中有着所闻所读的他人的观察和结论的成分。虽然学校里观察的活动是大大地增加了，而教材的极大部分还是从书籍、讲演、谈话以及其他来源得来。怎样使教师和书本传递的知识发生理智的功用，这是一个很重要的教育问题了。

传递的知识怎样能有理智的价值

所谓"教学"（instruction）的主要意义，无疑是他人的观察和推论的结果的传递。教育上，把积聚知识当作最高的理想，也无疑是因为以他人的学习为学习的过分重视。不管它有怎样的流弊，知识的传递是不能废的，问题是怎样把这种知识转化为发展思维的工具。用论理学的名词说，别人经验所供的材料是我们用自己的判断以达到结论的一种"证据"（evidence）。我们应该怎样处理教材，使它不像商店里买来的现成的食品，而成为反省的思维里的材料呢？这是教学上的问题。

（一）传递的材料应有需要的感觉。那是说，这种材料应该是学生直接经验所不易获得的。如果教师和书本所装满了学生心智的事实，只是他们可以不费气力而直接易于探索的东西，这就蔑视了他们理智的健全，而助成了他们的依赖。这不是说传递的材料应该单薄稀少。自然与历史的世界是无限的。但凡可以使用直接观察的地方，必须仔细选择而加以神圣地保护，不可以轻易地满足，而把好奇心消失了。

（二）传递的材料应该是一种刺激，而非独断的结论。当学生养成一种观念，以为每科学问都已给教师或书本确定了，这是最后的、最完备的了，以外更没有任何学问，到这时候，他们变成了驯服的学生，但是不复学习了。任何思维必有一点独创性。这不指学生自得的结论和别人已得的结论相违，更不指他们的结论的新异。所谓独创性，无非指学生对于问题有自己亲切的兴趣；对于暗示有自动的反复试证，有贯彻以至获得结论的忠诚。任何思维，要自己去思维；告诉学生说"你得自己想"，已是一句累赘的废话。

（三）传递的材料应与学生自己经验中的问题相关。我们以前所说把观察自身当作目的的弊害，同样适用于传递的教材。教材而不适合学生经验中已感到的兴趣，或不能引起能感到的问题，则在理智发展上比无用还要不好。这种教材不能深入反省的过程，所以无用；而堆积在心中像废物破料一样，遇有问题发生，它们反而横亘着而障碍了有效的思维，所以尤有害。

这个原则的另一说法便是：传递的材料应该融合于学生已有的经验组织。大家熟悉心理学上所谓"统觉"（apperception）的原则，即新的材料应以旧的经验来融化。教材的统觉基础，在可能的限度内，应该是学生已有的直接经验，不是书本。学校教师有一种趋势，把新教材和旧教材相联，却不和学生在学校以外已得的经验相联。老师会对学生这样问："你们记得上星期书里所说的吗？"却不会问："你们记得曾看过听过这样的事吗？"结果，学生所得的知识自成一个分离孤立的系统，静止地笼罩着日常生活经验的系统，而二者不能够互相讲通，互相融合。我们教学生生活于两个分离的世界，实际的世界和书本的世界。等到知道学校里所学的在学校以外是这样的无用，却又惊讶了。

第十八讲　教课与思维训练

一　关于教课的错误观念

教师在给学生教课的时候，有最亲近的接触。凡引导儿童的活动，激发他们求知的热诚，影响他们的语言文字的习惯，指导他们的观察，这种种可能都集中在教课上。所以我们现在讨论到教课在教育上的功用，我们只是再申说以上三讲里的诸原则，而不是另提新的问题。教课的方法是教师诊察儿童理智现状，供给可以引起理智反应的刺激能力的实验；是教师的艺术的决定的实验。

反诵对反省　　　英语用"recitation"一词表示最亲近的教学时间是最不幸的。"Recite"原是背诵、复述的意思。这可以看出，过去的教学只是记忆知识，及时诵答。而基本的真理，则在教课的处所和时间应该用于儿童思维的刺激和指导。本讲全部所说的话，没有比这一点更重要的。记忆和复述虽不可缺，而只是养成反省的思维态度中偶然的因素而已。

在教育现制上，教课比别的事情更显示无目的（因为不用以解决困难）的判断知识积聚的错误的理想。这样的比喻不算过分，即儿童譬如是感光的胶卷，教师把文字刻印上去，一到教课或考试的时候，这种文字便复现出来。再换一个比喻，儿童的心智犹如一个蓄水池，知识用一个管子机械地引进去，教课是另一个水泵把它排出来。教师的技能便以他或她的运用这一进一出的两个水管的能力来评定。

这种方法奖励儿童的被动是不消说的。在一切思维的讨论中，我们着重这一点：被动是思维的相反，被动表示判断和理解的缺乏，好奇心的消失，散漫的思想态度的长成，学习由乐事变成苦役。被动有时连记忆事实原则以备将来需用的目的也达不到，因为心智不是一张吸水纸，而能够机械地吸收。儿童的心智是一个有机体，一个生物。它寻求所需的食品，依照所需而迎拒，它所接受的限于它所能消化而变为自己生命力的一部分。

被动的弊害

二 教课的功用

教课要达到什么目的呢？这有三项：（1）教课要刺激理智的热诚、学问的爱好，这主要的是情绪上的态度；（2）学问的兴趣已引起了，照着它的程度，教课要引导这兴趣，使儿童进入理智工作的轨道，好像我们引导河流，使它流入发生动力运转机器的轨道一样；（3）教课要帮助儿童组织理智的所获，以实验它的质和量，实验所有的态度习惯，而保证它们将来的效用。

一　教课要引起理智的欲求

学问的冲动是内发的。人在心理上和在生理上一样，有他的欲求，有他的饥渴。而环境中所有的食料，无论现成的或寻获的，最后决定他饮食的是什么，决定这欲求满足的方向。所以，外部的刺激，尤其是社会环境中的刺激，决定理智的欲求继续前进的方向。婴儿要学说话，先要有一个内发的欲求。他含糊而无意义的语音和散乱的姿势，因着社会的接触的刺激，便表现出意义来，而有理智的作用了。

在教课的时间，一个成熟的且有经验的教师，领导着一个有共同兴趣的儿童团体，他第一要激发他们的求知的热诚。一个学生或许是空虚而怠惰的，或者虽有兴趣，而兴趣不属于功课的。教师的任务在打动他的心情，传导于他一种理智的激奋。教师中间常有并未受过教育方法或心理学的训练的人而成为伟大的教师；有时比有专业训练的人更伟大。读者试回忆自己的学校生活，便会恍然于这事实的原因。留下最深刻印象的教师是能够唤醒一种理智的兴趣的，能够传导对于一项知识或技能探求的热诚的，这最紧要。有了知识的饥渴，则知识的探求随之；没有，则即使把儿童的心智装满了知识，也无用。

怎样才能够传导这种求知的热诚？前面的讨论已提及了。一则教师自己先要有真正的理智的兴趣，学问的爱好，无意中才能鼓舞学生的兴趣。一个厌倦了循例教课的教师，徒然把所教的功课变成死物。二则教科书要当作工具，而不当作目的。在引起问题，供给解答问题的材料上，教科书是有用的。但如果让教科书主宰了教学的进行，结果是思维的僵化。一般地说，对于教科书的材料，宜于用侧面的攻击和正面的文字的攻击，把儿童的心智陷入了教材的固定的窠臼。所谓侧面的攻击，便是要以讨论的形式，充分利用儿童们自己的经验知识自由交换。

一个有生气的讨论会把问题的中心显示出来。把思维集中于几个要点，把知识向这几个要点而组织起来，这样的讨论便不至于让散乱的事实模糊了理智的观点，夺去了儿童判断事实重要或不重要的机会。它使儿童从自己经验或别人经验中，反复探查其与当前问题的关系。虽然讨论不应当退化而为辩论，而热烈的讨论也必须表现不同的观点，以确定问题的所在。教师的语言的机妙，以及对于儿童所遇困难的同情，也是不可少的。

二　教课要导入学习的良好习惯

刺激和引导是同时进行着的，我们不必重复以前所说。从引导一方面看，所要注重的是学习的良好习惯的养成。

学习是侧重于语言文字所供给的材料的一种思维活动。寻常所谓"好学"，便常指爱好读书。同时也作研究解，如学习机械、财政、政治等，便指研究这些问题而言的。我们要明白：探索研究的活动是很有异乎记诵书本讲义的。

思维是积极的探索、搜寻与研究，以求发现新事物或获得已知的事物的新理解的。思维实在就是一种疑问。传统的教课方法是教师对学生的发问，这并不错。可是这种发问，只以取得答案为足，而并不提出问题，供师生共同的讨论。在"预习"时间里，学生先将教材记熟了；到了"教课"时间，他们便拿来背诵这"预习"和"教课"（即学和教）的分离，是十分有害的。学生的学习是需要引导的。所以"教课"时间应该是一个学习指导的时间。在这时间，教师知道学生在学习上所遇的困难，所用的方法；给予学生以正当的暗示，克服他们的不良的思维习惯。总之"教"和"学"是相联的，"教"应该根据所已学而引导到所未学的。

教课所需的技术是怎样发问以指导探究，养成自动探究的习惯，无论是观察记忆以寻求相关的材料，或理解所得材料意义的技术。发问的技术，这样就是教学的技术，我们不能举出它的刻板的规则来，以下只是几个要点。　　　　　　　　　　　　　　　　**发问的技术**

（一）发问要使学生使用已学习的材料以应付一个新问题，而不是要他复述那已学习的材料。这需要学生的判断，而养成他的对付事物的"独创"的能力。例如一个高级班已经学习过蛇的教材（包括解剖工作），教师问："蛇怎样在地上行动的？"蛇的肌肉骨骼，学生已经知道了，这一问，要他们使用已得的知识想象蛇的结构的机能。至于复述材料的一种发问，在下列的情形下也用得着一个问题讨论很久，而学生还在无目的地摸索和犯错误，这时要他重复说明相关的事实和原则，便有益了。

（二）发问要使学生注意教材，而不是注意教师的目的。倘使只是为了取得教师所要的正确答案，学生在教课的时间只做猜谜的工作，这原则便被违反了。

（三）发问要使讨论有继续的发展。倘使各句间语，各自独立，学生答过了，便算一项教材完了，那就没有了问题的继续发展。全部讨论须有整个的情境，其中前后各点依次而成有秩序的运动，否则学生所得的观念便是片断的，散乱的了。

（四）发问要随时回顾以前的所得，总括它的意义，而把握住最重要的材料。每次教课中，应有两三回组织复核，使讨论不至散漫，也应有不时的总结，把以前所得的材料放在新材料的系统里。

（五）教课要使学生常有对未来问题的期待。虽然每课终了，要复核以前的所得，而尤其要有小说戏剧般的构局，使人殷切期待着下一章和下一幕的展开。俗话说，教育儿童要从他的祖父母教育起。较切于实际地说，引导思维要从教课中遗留下来的求知欲望引导起。

三　教课要测验理智的获得

关于教课的第三个功用"测验"也没有再多加说明的需要。以复述记忆的材料为测验是错误的，上面已讨论过了。重要的测验是关于：（1）理解的进步；（2）以已学的而进求学习的能力；（3）思维习惯态度

（比如好奇心、连贯、复核、总结、定义、虚心、诚实等）的增长。

三　教课的进行

现在根据上列的原则讨论一下教课的进行。

教课的第一需要是学生心理的准备。最好的，也是唯一的准备，是引起一种新异的、疑难的、需待解释事物的感觉。疑难的感觉，既然是内发的，它逼迫着学生机警，主动地去探究。问题的刺激逼迫着心智向前的追求，这是任何没有这种作用的巧妙的教学方法所不能及的。要回忆过去所得的知识，确定当前问题的性质，而求得它解答的方法，非先有问题的感觉不成。

第一需要是学生心理的准备

教师在有意地引起学生的旧经验的时候，要预防几种危险。（1）准备不可太长太尽，以防学生厌倦而转失其作用。在跳高的竞赛中，有人要跑步作势，但跑得太长了，到了界线，反没有跳的气力了。（2）我们所恃以直接理解新事物的，是我们的习惯。硬要把习惯的反应化成有意的观念，反而阻碍了它们的作用。当然，旧经验中有若干因素是必须转化而为有意的认识，像植物的生长，有时是必须靠移植一样。但常常挖掘经验，也和常常挖掘树苗一样，是生长的危害。我们最容易忽略观念自己的推动力。观念一经引起，学生自会增进新观念，和树苗长出新芽一样。

教师参与的程度　　在讨论中，教师应该供给多少新材料，这在前一讲说到关于知识传递的问题时，已经涉及它的一个方面。在许多地方，教师深恐养成儿童依赖的习惯，因而在讨论里不敢积极地参加。其实，教师说得太多固然阻挠儿童的思维，说得太少也不足为思维的刺激。教师的实际问题是怎样保持一个平衡。只要儿童对于讨论的问题有热烈的兴趣，只要教师留着他们对于材料选择的自由，则教师以热诚而至供给过多的材料，也便没有什么危险了。如果在教室里充满着自由交换经验的社会精神，人人有贡献意见的义务权利，难道教师反而应该限制他的义务和权利吗？只有一点是他应该严防的，他不应抢先着提出材料，而阻止儿童的意见。要在紧要的关头，儿童自己经验缺少的时候，才提供所急需的材料。

反对这种自由讨论的教学方式的人常说，这种讨论是散漫而无目的的。我们不否认这个危险的存在。可是儿童和青年要预备参与民主社会的生活，则教育上这个危险只有不躲避，而设法去克服它。民主政治的失败（批评者以失败而归罪于全般民主的理想），由于成年

人对于社会的问题不能参与自由地讨论，不能提出智慧
的意见，也不能判断别人提出的意见。他们早年的教
育给他们造成这种思维的习惯，而阻碍了民主社会的
成功。

避免散漫而无目的的讨论，最紧要的是使学生贯彻
说明所提的意见。每提出一个原则，他要负责推演它
的意义，以及它和当前事实的相关。没有这种负责的态
度，则讨论对于思维训练，实际上仍没有补助。聪明的
教师很会选择学生的说话，他有很大的技巧把学生说的
不相干的话轻轻掠过，而把他自己要他们怎样说的话重
重申明。这也称为"暗示的发问"，它解除了学生理智
的责任，除养成卖艺者似的迎合教师的能力以外，得不
到什么。

使学生贯彻说
明所提的意见

要使一个含糊的观念反复沉潜于心中，而成为明晰
确定的思想，必须有一个休止期间，专心思索不可。我
们说："停下来，想一想。"是的，反省的思维是常需
停止外部的观察反应，而使观念渐渐滋长的。观察和实
验在某一阶段里是必要的，而沉思默想也有它的必要。
食物消化的比喻在这里是有用的。大咬而牙齿作响，不
是消化；大声地辩论答问，不是沉思。所以教师必须慢
慢地让学生把所有的意思，比较衡量，有从容消化的机

会。看着时计而等待迅速的答案，不是发展思维习惯的道理。

集中注意于代表的事例，以免纷乱

罗列许多事实而不分轻重，必致思想纷乱。注意是选择性的，我们寻常只注意一件事，以为一参照的中心。纷举甲、乙、丙、丁的多多的事例，而要找出其相同之点，这种教学方法是一定失败的。教师应当从一个事实或情境开始它的意义，起先是含糊的，然后参取其他事实，以便这代表的事实的意义逐渐明显。每一附加的事实必须扫除一点疑难，或补充原来的事实的一部分意义。

总之，教师应留心选取代表的事例为注意的中心。所谓代表的，是能够暗示一类事例的原则的。例如说到"河"，有一点智慧的人绝不会开始列举无数的河，他只举出一条河并提示其中的疑点，然后附加上别的河的例子来解释这疑难；同时也以这疑难，去综合其他例子中纷繁的事实。这种往复前后的参照保持了意义的连贯，也避免了事实的孤单。所谓概括的原则，是从事实的限制中解放出来的意义。假的概括的原则（有文字表述而没有理解的）便是不能拿来移用于新事例的意义。有了中心的意义，再求它在新事实上的应用，则事实虽多而不致纷乱了。

四 教师的职能

教师在旧式教学里是独裁之王，在新式教学里是
无用之物。而事实上呢，他应该是一个社会集团——儿
童与青年的学问的集团——的领导者。他的领导不以地
位，而以他的较深的知识，较成熟的经验。若说儿童享
有自由以后，教师便应"退位"（退处于无权），那是
愚笨的话。

为了减轻教师的领导和责任，有些学校里不让教师
决定儿童的工作或安排适当的情境，以为这是独断的
强制。为了尊重儿童的自由，便一切意见须由他们自动
提出来。在幼儿园和小学低年级里，尤其是这样。结果
是这样的笑话：小孩子到了学校，问教师说，"今天我
们应做我们要做的事吗？"不由教师决定，而由儿童决
定，等于让偶发的事情和偶然的接触（儿童在路上的所
见，昨日的所做，或看见别人的所做等）来决定。殊不
知工作总是要做的，工作的目的，总是从环境中（不论
直接或间接）得来的。你不让教师来决定，不过以儿童
偶然的接触替代了教师智慧的计划而已。教师而有权为
教师，正是因为他最懂得儿童的需要和可能，而能够计
划他们的工作。

教师是领导者

关于教师领导
地位的错误观
念

教师需要充盈
的知识

　　教师怎样能够做理智的领导者，这是一个重要的实际问题。第一个条件，他要有充分而盈溢的知识。他的知识要比教科书或任何固定教材所有的广博得多，然后才能旁通曲畅，而应付偶发的问题。他要有求知的热诚，然后才能使这热诚传导于儿童的心里。

　　教师需要充盈的知识，有许多理由过于明显，无须再说。而其中心的理由，或许还没有得到一般的承认。这理由是：教师在教课的时候，必须有余力对儿童心智反应进行观察。儿童的问题在教材上，教师的问题在儿童心智上。如果教师对于教材不先有深透的熟悉，使临时可以不假思索而使用出来，他就不能以全部的时间和注意从事儿童心智作用的观察和解释。他对于儿童口语表达的意义固须用心，就是对于他们的身体表现（惊奇、厌倦、领会、佯作注意、愆于自炫、争先说话等）也要体会。从这中间，体会儿童理解和察观的程度。

教师需要专业
的训练

　　因为教师是儿童心智的研究者，他于教材知识以外，尤需要教育技术的知识。为什么教师要研究心理学、教育史、各科教学法一类的学科呢？有两个理由：（1）有了这类知识，他能够观察和解释儿童心智的反应，否则便易于忽略；（2）懂了别人用过而有效的方法，他能够给予儿童以正当的指导。

　　不幸的是这种技术的知识有时被认为是固定的行动的规则，而不当作自己判断和观察的工具。所以遇着这种知识阻碍自己常识决断的时候，宁可采取自己的判断，当然要是智慧的判断。因为专业的知识而不能帮助观察和判断，便成为机械的公式，不消化的废料，反为教师之累了。

　　最后，教师对于教课，应有特殊的预备。否则，他不是无目的地进行，便是受着教科书的拘束。活用教科书，活用偶发的问题和事例，必须教师临到教课之时，有新鲜的兴趣，充盈的知识。有许多问题，自己先要想到的。对于这一课，学生的旧经验、旧学习里有什么可以利用的呢？怎样可以帮助这新与旧的联络呢？有怎样需要可用以作为学习的动机呢？怎样使这课的教材让学生会应用呢？这教材怎样能够个别化，使它具有显著的特质，而又同时适应他们的特殊的需要呢？这些问题，教师在课前应该自己想一想。

五　欣赏

　　对于事物的充分的经验，发生了它的价值的感觉。好像儿童在有兴趣的游戏里一样，他感觉到一种热忱。

　　价值的感觉

这时，心智和事物（真理或情境）之间融合无间，蔽障全消，这称为欣赏。欣赏是价值的增高：心智完全理解了事物，事物因被欣赏而价值增高了。理智与欣赏没有内在的对立。不过，仅有理智的把握的事实或原则，与情绪上感到满足的事实或原则，其间却有显然的区别。后者是有价值的，被欣赏的。

本书一再说到儿童有感觉情境和问题的必要，也就是说明思维与价值感觉、理智与欣赏的不可分离。现在再说欣赏在思维中的重要，也只是将内含的意义重给以外表而已。

欣赏在思维中
的地位　　　　　新式学校排斥了常规的熟练和记忆，又将学科分成知识科与欣赏科；前者指算术、文法、自然历史、地理等，后者指文学、音乐、美术等。欣赏的重要，以为仅限于后一类的学科。这使这些学科成为感情的、想象的、不实在的，而"自我表现"流于"自我暴露"。

然而最大的弊害还不在此，而在于误以为在所谓知识学科中含有情绪反应和想象的观念（欣赏），没有它们的重要的地位。人类不能分剖为两部分，一是情绪的，一是理智的。虽事实上有这样的分剖，但那是错误教育的结果。在本性上和常态中，人格是一个整体。除非理智与情绪、事实与想象、意义与价值翕然融和，否

则我们无法得到智慧与品性的完成的整体。教学的成功
在于学生能够对知识尽情"宠爱"。如其不能得到，则
一切问题和讨论，所求刺激思维的活动，也还是外在地
强制、无热诚地应付而已。

结　论

　　思维中有若干因素应该互相平衡而调节的，却常被分离而互相抵触。我们现在再将这几个因素提示出来，以为全书的总结。

一　无意与有意

内含与外表　　"理解"这名词的一个意义是完全认定，或假定。事物的已理解的是假定为当然，而无须外表的说明的。两个人在谈话中互相理解，就因为他们有共同经验的背景。这背景是假定的，内含的，是交换观念的一个中介，倘使要把它发掘出来，加以叙述，那便是痴呆了。

　　但是倘使两个人在意见不合的时候，便须比较各人内含的假定；无意间的假定，要拿出来做有意的说明。这样，他们才能把误解的根源去掉。一切有效的思维，实在包含着这无意与有意、内含的假定与外表分析的律动。一个人自己进行他的思维，无意间假定了一种观念的系统，也和与别人谈话的时候是一样。一种背景，一种目的，完全支配着他外表的观念，而用不着有意地自己说明。他有意的思维进行于这无意的背景所定的限度里。然而反省既起于问题，则思维在这样进行之中到了某种限度，便有有意检查那背景的必要。到了这限度，无意的假定便须拿来做有意的分析了。

心智生活的这两个方面怎样能够保持适当的平衡，我们不能制定任何的规则。无意的态度习惯到了什么限度，便该检查、抑制，没有一定的律令。有意的检查和分析到了什么限度便该终止，也没有人够聪明而能仔细说出来。我们只能说，可以进行到能够明白个人所有的问题而引导他思维的限度，使他不至于有错误的观察或推理，而又有进行探究的方法。可是这样说，依然没有说明多少。这种平衡全视个人的倾向和机智如何，教育的成功没有比培养这种平衡的态度更重要的。

我们以前批评的"分析"的教学方法，就犯着一个错：本来学生无意的态度可以充分含蓄的，它偏拿来作有意的说明。探求人人所已知，说明人人所已解，既属无聊的干涉，也引起厌倦的心情。这种教学方法是容易使好奇心丧失的。

反之，我们以前所批评的机械技能的熟练，我们所注重的感觉问题，应付新异，都是说明困难或疑问有有意提示的必要。只求迅捷的技能而不问新异的情境，只求正确的解答而故意避开了疑难，其为害于思维的发展也和故意说明已知已解的是一样。遇有困难，便须有意地检查；知识要能应用，便须有意地组织。在学习的开始，无意的心智活动即使有散漫的弊病，也应该宽容；到了学习的后段，则有意地复核、说明便必须奖励了。这无意和有意的活动，内含和外表，前进和回顾，必须交相为用；前者给我们活泼新鲜的兴趣，后者给我们控制思维的能力。

即以本书思维的分析为例   以上的论点，就可以拿本书中思维的分析做一个例子。读者看了这书，如以为学生在学习和教课的时候，应当有意地分析控制思维的各方法，那便不对了。我们的意思是：基本的控制在于控制学生工作的条件，供给可以刺激暗示，引导推理证明的情境。至于这分析的价值，在于指示教师以控制思维最好的方法；教师是要知道的，学生却不要逐步有意地分析自己的态度和方法。而且教师在供给了思维的适当情境以后，学生的活动，对于目的和手段，虽是有意的，但对于自己的态度和方法，尽可以无意地进行了。在艺术的工作里，如写作、绘画、音乐等，艺术者的心思全用在创作事物上，而不用在自己的动机和态度上。这是教学上最可取的，我们要以艺术者做模范。我们的控制要行之于情境的安排上。只有遇着特殊的疑难，或一再的错误，我们才引起学生注意到他们的态度和方法，而说明其原因。这时的有意的分析，才是有帮助的。

我们常有这样的经验：在一个题目上用心得过久了，心智会失却了它的灵敏；轮子还是在运转，却磨不出新的谷粉来了。这一状态便警告我们应该有一个休止，一点变换。紧张过后，应该跟着有一个松懈期间、潜伏期间，让思维像孵化一样，慢慢地潜滋暗长。在这期间，所获的材料重新组织起来；事实和原则自然融合在一起。隐的，显了；纠纷的，理清了。结果是疑难涣然解释了。许多人遇着了复杂而难解决的实际问题，只有带着他们的问题去眠息，等到一觉醒来，竟是豁然贯通了，一个计划已经孵化出来了。当然，对于那问题有关的事实，不先经有意的思索；对于可能的解决，不先经反复的衡量：那也绝不会得到这种侥幸的发明和解答。所谓潜伏是思维整个律动里的一个形态。

紧张与潜伏

二　过程与结果

　　在心智生活中，过程和结果也要保持一个平衡。这在讨论工作与游戏上，已见得它的重要。儿童在游戏中，兴趣集中于活动；动作、印象、情绪的连续已够满足了，并不问什么结果。在工作中呢，结果控制着他的手段。这二者的分别只是兴趣方向的变更，并不是什么根本上的分裂。如果把这兴趣的侧重化成二者的分离，那就使游戏退化而为顽嬉（fooling），工作退化而为苦役（drudgery）了。

　　所谓"顽嬉"是任意的力的发泄。而游戏则因有结果的认识，所以观念和动作的连续是有秩序的。如果把结果的认识完全去掉，这连续中的观念动作便各个分散，而成为任情的、幻想的、无目的的，那就只是顽嬉了。小孩和动物都有顽嬉的倾向，这倾向也并不是完全坏的，它抵抗了习惯和常规的束缚。即使是梦想、幻想，也可以引起思维的新的路向。但是这种顽嬉的过度沉溺，便是心智生活的散漫和枉费。唯一矫正的方法，是使儿童能够认识他们的活动的结果。

　　但是兴趣如果只限于结果，那就使工作变成苦役了。所谓"苦役"是对于结果的兴趣不充满于过程的工作。做苦役的人只管所得的结果，而完全不管做的价值。他厌恶用力，而以用力为免不掉的苦难。大家知道，这世界上有许多必做的工作是没有内含的，没有乐趣的。可是说儿童应该受苦役的训练，以养成忠于职务的能力，就大错特错了。强制儿童做厌恶的工作，结果是厌恶和躲避，而不是对于职务的忠诚。要使儿童乐于做本来所不感兴趣的事，最好的方法是要他理解所得结果的价值，使价值的感觉从结果而转移于过程。这样，过程因为和结果发生了联系而借得了结果所有的兴趣了。

工作与游戏分离的弊害，正如俗谚所说："工作无游戏，小孩变呆子。"反之，有游戏而没有工作，便只有顽嬉，而顽嬉是近于"痴愚"（foolishness）了。游戏而同时又严正，这是可能的，也是理想的心智生活。在心智对于一个问题有着自由玩索的时候，只感着好奇和活泼，而没有独断和偏蔽。这种自由的玩索并不是以问题为顽嬉，而是能够超脱成见和习惯的信念，对于问题自身的展开的兴趣。自由的玩索是虚心，是不受外诱的对思维完整的信仰。所以它是严正的，它要求问题自身发展的贯彻。它是与浮躁或轻率不兼容的，它要求问题解答的结果的审察。所谓"为真理而求真理的兴趣"

工作与游戏的
态度的平衡

实在是最严正的，然而这种兴趣就与自思玩索的爱好相同。

社会的情境，使财富的有余奖助人们的荒嬉，贫穷的压迫强制人们的苦役，以致游戏和工作看成分离的了。但在儿童时期，自由的游戏和严正的思考的联合还是一个可以实现的理想。关于儿童生活的许多好的描写，固然显出他们的无忧无虑，不管将来，也形容了他们的专心一意，对付现在。为现在而生活，并不是不容许现在的意义的蓄积。现在经验的扩充正是儿童的正当的特权，也是他们将来生长的最好的保障。童年对于将来的经济问题的关心，在某一方面，虽可以磨砺他们的心智，而这种早熟，这种老成的代价，便是好奇和灵敏的丧失。

艺术者的态度　　艺术起源于游戏，这是一句常说的话。不管这句话是否在历史上正确，它指出游戏和严正态度的调和，是艺术的理想。艺术者如过分专力于方法和材料上，虽可以造就很精的技巧，却没有得到艺术的精神。反之，丰厚的意象如超过了所娴熟的技能，虽得到艺术的精神，又缺乏充分表现的技巧。只有目的的认识，能够借适当的方法使它具体表现出来；同时方法的注意，又受了目的认识的感发，才是艺术者的典型的态度。这种态度在我们一切活动里都可以有的，并不限于习惯上称为"艺术"的活动。

教学是艺术，真正的教师是艺术者，这也是一句常说的话。教师能否当得起这艺术的殊荣，就看他能不能培养儿童和青年们这种艺术的态度。有些教师很能够激发热忱，鼓舞努力，到这种程度，是好的。但最后的测验，远要看他能否把这热忱转化为有效的力量，能否使学生深入精细，获得方法的熟练。如果不能，那就不能维持学生的热忱，而这种理想也只留渺茫的回忆而已。另有些教师很能够陶炼技能，得到熟练，到这种程度，也是好的。但若不能辅以价值的审辨和理解的增高，那么所得的技能便会浪费于任何的结果。这种技能随着情境的不同，也徒然作为图己之利，或迎合他人，或勉操苦役的工具而已。能够指示感发兴趣的目的，又能够训练实行的过程，使得两方面圆融贯彻，这是教师的难题，同时也是他的报酬了。

> 教师是艺术者

三　远与近

留心避免和儿童经验相远的教材的教师们，看到儿童对于很陌生的事情兴趣盎然，对于很熟悉的材料反

> 相熟生轻蔑

而漠然无动，他们常引为诧异。在地理学科里，儿童绝不喜欢研究乡土的环境，却神往于大海高山。在语文学科里，他们很不愿意描写切身的经验，而畅写着深文奥义。一个有教育的妇女对工厂里的女工演讲小妇人的故事，女工们听得不耐烦，说："那小说里的女孩子的经验并不比我们的更稀奇。"他们要听大人物的故事。一个关心于劳动心理问题的人，某次问苏格兰纱厂里的一个女工，她整天在想些什么。她答："只要机器一开动，用不着十分注意的时候，便做她将来怎样做一个公爵夫人、有终生用不尽的家财的美梦。"

我们叙述这些例子，并不是劝人多用生僻怪异的教材，而只是着重这么一点：相熟的和相近的本身并不能引起思维，只有拿它们来了解陌生的和相远的，才有用处。心理学常说，人对于旧的、熟悉的没有很特别的注意。这是很有理由的。常在变换中的情境，急需适应，如其专注意在旧的事情，那是不经济而危险的。思维要留着对付新的和疑难的。要儿童专心在已熟悉的材料上，便无怪他们漠不关心。旧的和近的不是我们注意的目标，而是我们注意新的和远的中所用的工具；它们不构成问题，只供给解答问题中所需的材料。

新与旧的平衡 这就说到了思维中新与旧、远与近的平衡了。远的供给刺激和动机，近的供给观点和材料。换句话来说，最好的思维要有难与易的调剂。太易了，引不起探索；太难了，没有法子去探索。

远与近的交互作用也是不可少的。凡有思维，必须所已见的能够暗示所未见。所以旧的必须在新的情境中提示出来，才有刺激思维的作用。可是全是新的也不成，也不能有暗示的根据。在算术里，教分数的时候，若不表明儿童学整数中所得的观念的关系，那便茫然不易理解。等到分数熟悉了，儿童便会把分数看成替代的符号，而立刻发生相当的反应了。但要把分数用来解答更新的问题，则他的反应也依然不是机械的。新教材化成了旧经验以后，又可以用来融化更新的教材，这螺旋形的进程没有限制。

在心智活动里，想象和观察的同时需要，也可以说明上述的原则。尝试"实物教学"的教师们常见到儿童遇着新的便感觉惊奇，遇着旧的只感觉沉闷。旧的事物引不起想象的活动。天天观察着事实，事实把儿童看得呆了；不是事实会使人呆，只因为把事实弄成呆板的死物，以致没有想象的余地了。如果能在新的情境中提示出事实来，那么想象又很丰富了。反过来说，想象也不是虚幻。想象的作用在于发现事实中的实际和可能，在

观察供给近的
想象供给远的

于由近以及远，由显以及隐。历史、文学、地理、自然科学，甚至几何学、算术，都有非想象不能理解的材料。想象使观察更广更深；如果它变成幻想，那它才妨碍观察。

最后，个人对人物的直接经验与从知识传递中所得的种族经验二者的相联，也可以表示近与远的平衡的必要。巨量地传递知识，常有淹没个人的直接经验的危险，而使知识失却了它的人生的关系。教师能够使传递的知识刺激儿童感觉行动的直接的经验，以发展更完满更有意义的人生，那才真的是人师，而不只是教匠。真正的知识的传递包含着思想感情的传导。如果它不能使儿童和种族间发生共同的思想和感情，那么也就不能称为传递了。